発達障害の子がぐーんと伸びる心と体の育て方

運動　言葉かけ　勉強　お手伝い

NPO法人発達障害児支援LOF教育センター代表理事
やまもとまゆみ

大和書房

電車の中で
はしゃぎ回っていたのに、
落ち着いて
乗れるようになった

多動行動が多かったのに、
集団行動が
できるように
なった

友だちとトラブルばかり
起こしていたのに
仲よく遊べる
ようになった

ほとんどコミュニケーションが
できなかったのに、
ちゃんと
相手の顔を見て
しゃべれる
ようになった

泣いてばかりで
何を欲求しているのか
まったくわからなかったのに、
言葉で伝えられる
ようになった

夜なかなか寝てくれなかったのに、
すぐに寝られる
ようになった

夜のおむつがとれなかったのに、
すんなりとれた

ごはんを食べるのに
時間がかかっていたのが
スムーズになった

偏食が激しかったのに、
いろいろなものが
食べられる
ようになった

変なこだわりが強かったのに、
受け入れられる
ようになった

はじめに

あなたの子どもは必ず伸びる!

先の子どもたちの変化。これらは、すべて私のところに来た子どもたちに起こった変化です。

私は、発達障害児支援LOF教育センター（NPO法人）で、発達障害の子どもの発達を促すための学習支援や療育支援、ライフスキルの獲得など、その子が社会で幸せに生きていけるような活動を行っています。

また、日本発達障害ファミリー支援協会（一般社団法人）では、発達障害を持つ子どもや、その家族を地域で継続的に支援するための人材育成にも力を注いでいます。

私の子どもも育てにくい子だった

私が発達障害の子に関心をもったのは、**自分の子どもが育てにくかったから**でした。

私の子どもは小さいときから身体が弱く、生まれて半年くらいのときにぜんそくで入院しました。それからも、よく体調をくずし、何度も入院しなければいけませんでした。

ただ、そのころは、それが普通なのだと思っていました。

「**この子は、よく泣くなぁ**」と思っていたくらいです。

「**うちの子、他の子とはちょっと違うな**」と感じたのは、息子が保育園の年長になったころです。

妄想癖、虚言癖と言っていいのかわかりませんが、簡単に言うと、ちょっとした嘘をやたらとつくのです。私のいないところで、他の子のお母さんに、「今度、引っ越しする」と言うわけです。引っ越しをする予定もないのに……。それを聞いたお母さんから**「引っ越しするんですか?」**と聞かれたことも度々ありました。

もともと落ち着きのない子でしたので、2歳くらいまでは外食するなど不可能でしたし、外を連れて歩くことすらできませんでした。移動には車を使っていましたが、ひとりで乗せることもできないほどでした。

子どもが小学校に通いはじめると、一気に他の子と違うところが目につきはじめました。

小学校の低学年のとき、私は学校の先生に「もう少し丁寧に教えていただけたら、

ちょっとした嘘をやたらとついていた私の子

この子もわかると思います」と言ったことがあるのですが、先生から返ってきたのは、「無理です。40人以上もの子どもを見ているので、個人的な指導はできません。**丁寧に見てほしいのであれば、養護学級にどうぞ**」という言葉でした。

そのころは、今でいう支援学級はなく、重い障害を持った子が行く養護学級しかなかったわけです。学校の先生に理解のある人はいませんでした。

それからは、もう学校に期待することをやめました。**学校には、子どもが楽しく通えればいいと割り切ったのです。**

ですから、まわりのお母さん方には、「うちの子ちょっと変わっているので、ご迷惑をお掛けすることがたくさんあるかと思います。申し訳ありませんが、何かトラブルがあったら言ってください」と、常に協力と理解を訴えていました。

そうしたなかで、**私がもっとも大事だと思ったのは、親と子のかかわりです。**要するに、**家庭内でできることがたくさんあることに気づいた**のです。

その後、私は離婚してシングルマザーになりました。2人の子どもを食べさせていかないといけません。上の子が高校2年生、下の子が中学3年生のときですから、お金が一番かかる時期でもありました。

私は英会話の教室を自宅でしていたのですが、それだけでは食べていくことができませんので、アルバイトをいくつも掛け持ちしました。

朝から結婚式場のアルバイトをして、夕方から自宅で教室をし、夜終電に乗ってネイルの仕事に出かける。余裕のある時期にネイルの学校に通っていたことがあったので、夜の仕事を終えた女性の手と足の爪のお手入れの仕事をしていたのです。

そのときは本当に大変でした。1日に20時間ほど働いた日もあります。

そうした、つらい時期の少し前、知人が「不登校とか学習障害児の家庭教師をしないか」と声をかけてくれました。独学で学んだことしか教えられないのですが、それでも知人は「いいよ」と言ってくれたので、引き受けることにしました。

すると、家庭教師先のお母さんから、ものすごく感謝されたのです。

「やまもとさんにかかわっていただいたことで、子どもはみるみる変わりました。親の私も勇気をもらえて、ありがたかったです」と言ってもらえたのです。

そのとき、「こんな私でも人の役に立てるのであれば、これを事業にして生きていきたい」と決心しました。

それが、現在の発達障害児支援ＬＯＦ教育センターと日本発達障害ファミリー支援協会の創設の直接的なきっかけでした。

家庭での療育が、もっとも効果的

3歳児健診のときや小学校に入学するときなど、医師や専門家の方から「発達障害です」とか「発達障害かもしれません」などと言われると、途方に暮れてしまうかと思います。そしてすすめられるままに、公的な療育を受けるのが一般的なのでしょう。

ただ、公的な療育を受けたくても、順番待ちになってしまうこともありますし、小学校の中学年くらいになると、受けるべき療育がなかったりもします。それでは、子どもの発達を促すせっかくの機会が失われてしまうことになります。

何も公的な療育ではなくても、それに代わるところで療育を行うこともできます。

私が一番大事だと思っているのは、家庭です。

家庭での療育的なアプローチがもっとも効果的だと信じています。

たとえば、私のところで30分ほどの療育プログラムをして、テレビを見せないようにしただけで、小学生になってもとれなかった夜のおむつがすんなりととれた、ということは本当によく起こります。

また、親が話しかけてもほとんど無視するような状態だったのに、子どもの手をしっかり握って、目を見て話すようにすることで、ちゃんと話を聞いてくれるようになったり、多動行動がおさまることもあります。

それだけ家庭での療育が、子どもの発達には重要だということです。

本書では、家庭できる療育の方法を詳しく解説していきますが、そのためには親のかかわりが、絶対に必要です。

苦しいこともつらいことも、そして悩んでしまうことも多々あると思いますが、そういった大変なことを子どもと一緒に乗り越えられたなら、きっとトンネルを抜けた後のような晴れ晴れとした気持ちになれるのではないでしょうか。

子どもの成長を目の当たりにすることほど、幸せなことはありませんよね。

詳しくは本文の中で述べていきますが、発達障害の子、発達障害かもしれない子と接する際に、親が注意すべき重要な点を簡単に箇条書きにしておきたいと思います。

- 子どもが将来、ひとりで暮らしていけることを目標にする
- 子どもの変わっている点を個性だと捉える
- 子どもの発達段階に合わせた対応をする
- 優しさといった情緒を育むようにする
- 子育てをアウトソーシングしない
- 特に教育環境など、子どもの環境を整えてあげる
- そして、必ず発達すると信じる

必ず発達すると信じよう

第1章では、家庭での療育で重要な考え方について述べていきます。第2章と第3章で、具体的な療育方法に触れていきたいと思います。

発達障害というのは、非常にわかりづらい障害です。昔に比べると発達障害という言葉は一般的になってきましたが、それでも関心のない人が多いのも事実です。

「自分の子どもが発達障害だった」
「親戚や友人の子どもが発達障害だった」
「学校で本人がしんどさを抱えている」

そういったことで、はじめて発達障害のことを知ったという人がほとんどかもしれません。

でも、発達障害は本当に身近な障害です。障害とは言わなくても、生きづらさを抱えている人もたくさんいるのが実情です。

2012年の文部科学省の調査によると、「発達に何かしらの課題を抱えている通常学級の子ども」の割合は6・5パーセントとなっています。特別支援学級の子どもを合わせると、10パーセントを下らないとも言われています。ですから、**発達障害を**

持った人は、10人に1人もいるのです。

そうした中で、発達障害の子をどう捉えればいいのか、どうやって改善していけばいいのか、どういった学習支援が望ましいのか、自立するためにはどうすればいいのか、といったことに悩んでいる方も多いのではないでしょうか。

これまで20年以上、発達障害の子どもたちにかかわってきた経験を元に、私の方法や考え方、そしてサポートの仕方などを述べていきたいと思います。

多くの方が発達障害に関心を持ち、そして**重度であっても軽度であっても、子どもたちは必ず発達することを知ってほしい**と思います。

もくじ

第2章 家の「お手伝い」でスキルを身につける

第3章 「運動と学習」でぐーーんと伸びる

第4章　子どもをぐーんと伸ばす「生活習慣」

日常生活で気をつけたいこと

第1章
発達障害の子は、「ユニーク」でおもしろい

発達障害の子どもは、ユニークな子ども

私は発達障害を持った子どものことを〝**ユニークな子**〟と呼んでいます。

他の子とは変わっているけれど、それはひとつの個性として捉えると、とてもおもしろいからです。

たとえば、会話をしていても、こちらが求めている答えを返してくれません。ある子どもと電話で話していたとき、その子があくびをしました。

私は「眠たいの？　じゃ、今日はこれくらいにする？」と言いました。

すると、その子は「**眠たいけど、電話を切りたいとは言ってない！**」と少し怒り気

味に返してきました。

言葉の捉え方が違うのですね。私は、そんな予測不能な反応があると、「おもしろいなぁ」と思います。

ですから、キツイ言い方をされても、腹は立ちません。その子に悪気がないのはわかっていますから、「こんなことを言ったら、こんなふうにとられるんだな。こっちも気をつけないと」と学ぶことができます。

「何が好き？」と聞いても答えられない子

こちらから何か質問をすると、固まってしまい、何も答えられなくなる子もたくさんいます。

たとえば、「何が好き？」と聞くと、一般的には好きな食べ物、好きなモノを答える子が多いと思います。

ところが、発達障害の子どもの中には、何を答えたらいいかわからず、パニックに陥ってしまうケースがあるのです。

これは質問の仕方が悪いわけですよね。

「食べ物の中で何が好き?」と聞けば、おそらくスムーズに答えられるのではないでしょうか。この場合は、「こちらの問いかけが悪かったんだな」と学ぶことができますね。

ちょっと気遣うだけで、相手から答えを引き出せる。

要するに、親もコミュニケーションスキルを高めなければいけないということです。

子どもとのやりとりの中で、一緒に学んでいくという気持ちがあれば、イライラすることも減ってくると思います。

言葉かけヒント

具体的に限定してあげると会話がスムーズに！

また、こんなおもしろいこともありました。

私が主宰している発達障害児支援ＬＯＦ教育センターには、療育プログラムのために、平均台のようなものが置かれています。その台に乗って四つん這いになっている子がいました。

私は「そんな動物みたいなことしたら、危ないよ」と声をかけました。すると、その子は「なんで？　人間も動物やろ？」と言うのです。

それはたしかに正しいのですが、日常会話の中では人間を動物として扱わないのが普通ですよね。こういった視点の違いによって、まわりの子とのズレが生じているのかもしれません。

指摘されると本人もつらい気持ちになるでしょうし、大人も「そんなヘリクツみたいなこと言って！」とイライラしてしまいます。

でも、**子どもの反応をおもしろいと思えば、ものすごく子育てが楽しくなります。**

逆転の発想かもしれませんが、せっかくならば、ユニークな子を育てることを楽しんでほしい。それだけで、子育てのしんどさはまったく違ってくるのではないでしょうか。

発達障害児の子育ては、その子のことを「おもしろい！」と思えたら、それですべてOKだと私は思っています。

ユニークな子なのですから、ユニークに育ててあげればいい。お母さんの思うとおりに育たないところを楽しんで、その子に合わせた子育てが必要だということです。

日々の小さな〝できたこと〟を見つけてあげる

自分の子どもが他の子と違っていたら、不安になる保護者が多いと思います。

特に日本では、「異質なものは恥ずべきこと、隠すべきこと」という考え方がいまだに主流かもしれませんね。

でも、諸外国では「個性をよし」とする文化が多く、たとえそれが障害であったとしても、個性のひとつとして社会で認められています。

そのため、街中のバリアフリー化が進んでいる国は多いですし、障害者が街中を気兼ねなく歩き回っています。教育を受ける権利も同じようにあるので、大学などの学校も設備がきちんと整っています。

残念ながら日本は、発達障害のようなユニークな子、他の子とは違ったところを持っている子は、まだまだ学びにくい、育てにくい環境ではあります。

そういう環境は少しずつ変えていかなければいけませんが、ただ環境のせいにしてばかりいても仕方がありません。海外の精神だけは真似してみましょう。

ユニークな子を育てるのであれば、ユニークな親として、他の子と比べて自分の子を評価しないようにする。たとえば、

「○○ちゃんはできるのに、なんであなたはできないの？」

といった自己肯定感を下げるようなことだけは、たとえ心の中で思ったとしても、**決して口には出さない**ようにしてほしいと思います。

「時間がかかる子育て」と考えよう

発達障害とは、文字どおり、発達することに障害があること。もう少しやわらかい言い方をすると、発達するのに時間がかかるということです。どうしてもまわりの子に追いつけない部分を持ち合わせているのですから、こちらも辛抱強く付きそう必要があるのです。

けれど、練習すればできるようになることが、たくさんあります。

たとえば、ひとりで靴を履くことは、普通の子であればすぐにできるでしょう。一方、発達障害の子どもはすぐに履けるようになることが難しいこともありますが、時間をかけて練習すれば大抵できるようになります。

自分の子どもに発達障害の疑いがあるとわかったら、「これはチャンスだ！」と思って、ゆっくりとていねいな発達を楽しむくらいのほうがいいということですね。

なかなかできなかったことができたら、喜びも人一倍です。発達障害の子ではないと味わえない幸せや感動がありますので、そういったことに喜びを感じるようになってほしいと思います。

そのためには、**日々の生活の中でできるようになった、ささいなことを確実に見つけてあげて、褒めてあげることが重要です。**

靴を履けるようになったら、「ひとりで靴を履けるようになったね！」と声をかけてあげてください。

子どもが成長していく様子を見つけるためには、普段からアンテナを張っておくこと。日々の小さなことでいいので、そういった**小さな変化に気づいて、自己肯定感を**

高めるような言葉をかけてあげてほしいと思います。

気持ちのコツ

イライラする状況でも考え方ひとつでスッキリ！

イラ イラ
なかなかクツを履けないっ！なぜ〜〜
あ、ヒモ結べた！ゆっくり少しずつ上手になってる

それは子どものためでもありますが、実は親のためでもあります。子どものちょっとした成長を感じられると、親の喜びも多くなります。子育てのつらさが軽減されていくのではないでしょうか。

発達のでこぼこを整えてあげる

発達障害は、非常に大きな障害の概念です。広い意味では、知的障害も含まれていますし、自閉症などもあります。発達障害と知的障害の違いは、見た目には非常にわかりづらく、境界線も引きにくいもの。身体的な障害とは異なるので、どのように理解すればいいか、わかりにくい人も多いのではないでしょうか。

私は、よくコップを使って、発達障害と知的障害の違いを説明しています。

平均的な子どもを２００ミリリットル入るコップと仮定しましょう。

すると、知的障害児は１００ミリリットルしか入らないコップとなります。一方、発達障害児は、２００ミリリットル入るコップではありますが、いびつな形をしているのです。

ですから、通常の２００ミリリットルのコップが収まるような入れ物には、いびつな形をしたコップは入りきりません。それは、教師や親など、まわりの大人が求めるようなことが、なかなかできないということを意味しています。

コップの原理

でも、形がでこぼこなだけで、容量は他の子と同じように200ミリリットルです。それは、**発達の現状がでこぼこなだけで、そこを整えてあげれば、他の子どもと何ら違いはない、**ということです。

ならば、**いかに発達のでこぼこを整えるか、**が重要になってきますよね。

詳しくは第2章以降で述べていきたいと思いますが、**家などのお手伝い**や**随意《ずいい》運動**（自分の意志にもとづいた運動）、**ビジョントレーニング**（眼で見る力を高めるトレーニング）などで、発達を整えることができます。

また、発達を阻害するようなものを排除することで、そのでこぼこが気にならなくなるでしょう。

うまくいかないのは当たり前

「なぜ、言うことを聞いてくれないのだろう？」
「どうしてうまく行動できないのだろう？」
「なんで嘘をつくのだろう？」

こういった不安や疑問が日常的に起こりますが、そこにいちいち腹を立てていると、自分で自分の首を絞めてしまうことになります。

どんな子でも、親の思うようにうまく行動できないのは当たり前ですし、子どもは平気で嘘をつくもの。

発達障害の子どもは、特に発達がゆるやかだったり、でこぼこなのですから、子どもも自身が学びづらさ、生きづらさを持っているのは当たり前のこと。そういった当たり前のことを受け入れられなかったら、逆にしんどいと思います。

今、目の前のことをまず受け入れる。そこからはじめてみましょう。

発達の段階に合わせた対応をする

その子の発達段階や状況に応じたかかわりをすることも大事になってきます。

自分の子どもがどのくらいの発達段階にいるのかをちゃんと把握しておかないと、無理難題を押し付けてしまうことになるからですね。

たとえば、2歳くらいの子どもが小さなタオルを落としたとします。

そのとき、親が、

「ちゃんと持ってなさいって言ったでしょ。なんで落とすの！」

と怒るのは間違っていますよね。2歳の子どもがタオルを落とさずに持っていることは、どう考えても難しいと思います。

これは発達障害の子どもに限った話ではありませんが、特に発達障害の子どもは発達の速度がゆるやかですから、より注意しなければいけません。できないことで怒られると嫌な気持ちになるのは、大人も子どももユニークな子も同じです。

勘違いしてほしくないのですが、何から何まで子どもの世話を焼けばいいと言っているわけではありません。その子ががんばったらできるようなことであれば、本人にさせてあげてください。

もし、「がんばったらタオルを落とさないかも」と思えるのであれば、積極的に持たせてあげる。

要するに、**その子ができることの一歩先、いや半歩先くらいのことに挑戦させてあげる**わけです。そうすることで、達成感を味わうことができ、自己肯定感を上げることができるのです。

逆に、なんでもかんでも子どもの世話をしてしまったら、その子の発達の機会を奪っていることになってしまいます。

親子でコミュニケーション能力を磨く

発達に合わせた対応をするためには、コミュニケーションが大切になってきます。

先の2歳の子の場合であれば、「**落としちゃうから、お母さんがタオルを持っておくね**」と言うべきでしょうし、もし子どもが「どうしても持ちたいの！」といった意思表示をしたら、「**気をつけて持っててね**」と言いつつ、落としたらすぐに気づいてあげられるように目を配る。

それは、子育てに親密にかかわらなければいけないということでもあります。

どういうことができて、どういうことがまだできないのか。それを把握しておかないと、どのような声かけをすればいいかわからないでしょう。

よく「子どものコミュニケーションスキルがなくて、よく友だちとトラブルを起こすんです」とお母さんが言いますが、**お母さん自身のコミュニケーションスキルは大丈夫でしょうか。**

言葉かけヒント

**言葉を足して
わかりやすく丁寧に！**

はっきりと言いますが、**保護者のコミュニケーションスキルが低いのに、子どもだけが高くなることはありません。**

家庭内でしっかりとしたコミュニケーションができていないのに、外の専門家にアウトソーシングするのもおかしな話ですよね。

特に子どもが小さいうちは、まずは家庭で、親子でしっかりとコミュニケーションをとることからはじめてほしいと思います。

見方を変えると、子どもとのやりとり自体が、親のコミュニケーションスキルを上げるチャンスだとも言えます。子どもとのやりとりを工夫していけば、自然とスキルは伸びていくのではないでしょうか。

「早口で滑舌の悪い子」のお母さんも早口

お母さんが上手にコミュニケーションを取れるようになったことで、徐々に言葉で表現できるようになった子どもはたくさんいます。

早口で滑舌が悪い子どもがいたのですが、お母さんがゆっくりと口を大きく開けてしゃべるようにした結果、子どもも同じように話すようになりました。

逆に、お母さんが表情も乏しく小さな声でしゃべっていると、やはり子どもは言語を獲得しにくくなります。明瞭に発話することが難しくなるのです。

それだけ、親の影響は大きいということです。

話しかけるときのポイントは2つあります。

①子どもの顔をしっかりと見ること

②子どもがこちらを見ているかを確認してから話しかけること

言葉かけヒント

まずは相手に聞いてもらえるように話しかけて！

見ているところが意識のあるところですので、お母さんの顔を見ていなかったら、子どもの意識は別のところにいっている証拠でもあります。

もし他のところに意識がいっているならば、**子どもの目線と同じになるようにしゃがんで、子どもの手をしっかりと握り、こちらに意識を向かせる。**

二重にも三重にも、こちらに意識を向けさせるわけですね。

そうすれば、子どもはちゃんとお母さんの話を聞いてくれますし、言いたいこともちゃんと伝わるのです。

丁寧な子育てを心がける

中学生から高校生くらいになると、第三者とのかかわりも大事になってきますし、いろいろなことを教えてもらわないといけません。でも、それまでは、**親にしか教えられないことがたくさんあります。**

発達の段階を見ながら、両親が積極的にかかわっていると、子どもは必ずしっかりと育っていきます。

そのためには、丁寧な子育てをしなければいけません。その子に必要なものを見極めて、丁寧にかかわるということです。

現在《いま》のラクをとらず、将来のラクをとる

ちょっとラクをしたいと思うお母さんも多いのではないでしょうか。今では、鬼アプリというものがあり、親の代わりにアプリの鬼に怒ってもらうと聞きました。何か悪いことをしたら、「怖い鬼さんに怒ってもらうよ!」と言ったりするそうです。

それは、子育てをアウトソーシングしているのと同じではないでしょうか。

しかも相手は機械ですから、人間味がありません。人対人であれば、その状況にあわせて、自然と対応の仕方も変わってくると思います。たとえば、反省の色が見えないようだと、さらに強く怒ることもあるでしょうし、逆に泣き叫んでいると執拗に追及したりしないでしょう。

双方のやり取りがある中で、しかったり、一緒に喜んだりするコミュニケーションが成り立つわけですが、それを機械に任せてしまったら、せっかくのコミュニケーションが育つ機会を逃しているのと同じです。

健常児を持ったお母さんよりも、やはり大変だと思いますが、丁寧な子育てを心がけてほしい。つらいときもあるでしょうが、後ろ向きな気持ちや投げやりな対応にならずに、前を向いて子育てをしてほしいと思います。

なぜなら、**将来的には絶対にラクになるはずだから**です。

子どもの発達を促して、自立して生活できるようになれば、親も、安心した生活を送ることができます。親の責任として、一生ずっと大変な思いをするのか、それとも子育ての時期にしっかりとかかわり、必要な時間とエネルギーを注ぐのか。どちらのほうが精神的に、そして肉体的にラクかと

「鬼アプリ」に怒ってもらうことは本当にいいの？

言えば、後者のほうですよね。

つまり、**目先のラクをとらずに、将来のラクをとってほしい。**

親がかかわれるときにしっかりとかかわっておかないと、後で取り返しのつかないことにもなってしまいます。早ければ早いほうが、子どもの発達を促すことができるからです。

諸説ありますが、療育的なかかわりは、10歳が臨界期とも言われています。

要するに、10歳までの療育は、非常に効果が高いのです。10歳以降になると、それほど急速な発達は難しくなるため、日本の公的な療育も、だいたい10歳くらいまでになっています。

また、その時期の子どもは本当にかわいいですよね。**ちょっとつらいことがあっても、子どもの笑顔や何気ないひと言で元気づけられます。**それが思春期になってしまうと、扱いが難しい。子どもは「うるさい!」と言って嫌がるし、親のほうも憎たらしく感じるようになってしまいます。

親子ともに、自立するためには反抗期は必要なのですが、その時期になると丁寧にかかわるのが難しくなってきます。

それも、できる限り早い段階でかかわるほうがいい理由ですね。

子育てはアウトソーシングできない

子育てを専門家に任せる保護者もいるのではないでしょうか。

たとえば、友だちとよくトラブルを起こすから、コミュニケーションスキルを学べるところに学びに行かせたり、落ち着きのない子に習い事をさせて、そこで矯正してもらおうと思ったり……。小学校の低学年くらいで料理教室に通わせる方もいらっしゃいます。

でも、**わざわざお金をかけて他の人に任せる前に、家庭でできることはまだまだあるの**ではないでしょうか。

本当は保護者が教えないといけないことであっても、そこを飛ばして他人に教えてもらおうとするのは、ちょっと間違っているのではないかと、私は思います。

教育は第三者の人でもできると思いますが、子育てやしつけは親にしかできないことだからです。

専門的なことを教えるのが教育であり、そうでないことはしつけの範囲内だと思います。たとえば、泳ぎ方を教えるのは教育者や指導者であり、しつけをするのは親だということですね。

そういう意味では、しつけは生活にかかわっている部分。料理で言えば、「何をつくるのか」からはじまり、「材料を買いに行くところ」も含めて、親が教えられることは多々あります。

野菜には旬があること、おいしい野菜の見分け方、たとえばりんごにしてもいろいろな種類があること、そしてそれがいくらなのかなど、子どもに教えるべきことはたくさんあります。

料理教室に行けば、つくり方は教えてくれるかもしれませんが、他の大事なところが抜け落ちてしまいます。用意された材料から調理することはできても、何をどこに買いに行けばいいかわからないと、生きていくうえでの知恵とは言えないですよね。

そういったことを教える絶好の機会を失っていることになります。

私たちは、発達障害の子どもが困っていることを軽減させることを目的にしています。後でも述べる随意運動などの療育のプログラムをすることで、発達のでこぼこなところを整えることを重点的に行っています。

ですから、**「親の協力なしに、私たちのところに預けたら安心、ということはありません」**と、お伝えしています。それは、子育ては親にしかできないことだと思っているからです。

「完璧な親」であることをあきらめる

仕事をしていて、忙しくて子育てが大変だ、という方もいるでしょう。それは、すべてを完璧にしようとするからではないでしょうか。

私は〝**完璧をあきらめる**〟**ということも必要**だと思っています。

発達障害の子どもを持つと、サポートをする支援者、教育者であり、保護者でもあるので、2つの役割を担うこともあります。これは私自身の経験なのですが、私は不器用ですから、いくつもの役割を担うことは無理だと早々に悟りました。

たとえば、学校から帰ってきて、学校の宿題をさせるお母さんも多いと思います。

宿題に付きっきりになるわけですが、「いくら言っても理解してくれない」「昨日できたことが、今日できない」ということがいくらでもあります。**夜遅くまで、ときには親子で泣きながら、嫌がる子どもに無理やり宿題をさせる**わけです。

そのとき、ふと「これは無理だよ。それに学校の宿題を完璧にさせたところで何になるのだろうか？」と思ったのです。次の日に漢字のテストがあるために漢字の練習をするわけですが、だからといって満点をとれるわけではありませんよね。

そういうことをするなら、私は母親としての役割に専念したほうがいいと思いました。極端な話ですが、**勉強を教えるのは学校の先生の役目だと思うことにした**のです。

小学校の1年生や2年生くらいの簡単な勉強でも、私の子どもはついていくことができませんでした。

そのころから「うちの子はちょっと違うのかな……」と気づいて、発達障害の本や学習障害の本を読んで学ぶようになりました。それも、母親の役割に徹しようと思ったきっかけでした。

子どもは、家庭と学校にしか居場所がありません。学校でしんどい思いをして帰ってくるのであれば、家庭だけは安らぎの場所にしてあげたいと思いました。それからは、たとえ勉強ができなくても、テストの点数が低く、成績が悪くても、一切しかることはしませんでした。

すると、私の心は非常にラクになりました。

怠けさせるわけにはいかないので、とりあえずやらないといけないことはさせましたが、**結果が伴わなくても「精一杯、努力**

「親子で泣きながら宿題する」をやめてみる

したんなら、それで別にいい」「間違っていても、学校で正してもらったらいい」と思うようになったのです。本人が「それじゃ、いやだ」と思うなら、自分で一生懸命がんばるだろうと、スッパリと考え方を変えたのです。

その代わり、母親の役目として、しつけに注力しました。

何がよくて何がダメなのかという社会のルールを教えることだけは、しっかりしてきたつもりです。

学びづらい子どもの教育環境を整えることを真剣に考えました。その結果、子どもを中学校から私立に通わせました。受験のため、小学校のときは塾にも通わせました。

でも、塾に行ったとしても急に勉強ができるようになるわけではありません。

塾に行かせたのは、**嫌なことでも、コツコツと努力しないといけないことを学ばせるため**でもありました。なんとか私立の中学校に入学できたのですから、子どもががんばったのだと思います。

子どもが25歳になったときに幸せな状態をイメージする

私はよく、**「25歳になったとき、その子が幸せに生きているのは、どのような状態だと思いますか？」**と保護者にお話しししています。

子どもは経験値が少ないので、どんなふうに生きることが幸せか、本人にはわからないもの。ですから、ある程度は親が進路などを決めてあげる必要があります。

保護者が決断するときの指針になるのが、25歳になったときのイメージ。25歳の時点で、どういう生き方をしていてほしいかをイメージするわけです。

私がそういうことを尋ねると、大抵のお母さんは**「普通に仕事に就いて、自立して**

生きていてほしい」と答えます。ずっと自分が世話をするわけにはいきませんから、仕事をして自立してほしいですよね。

選択の幅が広がるような子育てを心がける

自立して生きていく可能性に向かうためには、どうすればいいのでしょうか。

大きな枠で捉えると、普通の子どもと同じ環境で生きていくという選択ができるところまで育ててあげないといけない、ということになると私は思います。

小学校に入学したとき、最初は配慮がいる支援級に行くのはかまいません。でも、**他の子と交流する時間を少しずつ増やしていくことを目標にしてほしい**。たとえば、小学校の高学年くらいになれば、できる限り支援級を出て、みんなと一緒に普通級で学べるようにしてほしいということです。

ほとんどの小学校では支援級に在籍していても、たとえば体育と音楽だけは普通級で学ぶことができるわけです。

小学生の間、ずっと支援級にいれば、中学校も支援級に入ることが自然な流れだと思います。すると、その子はどうなってしまうでしょうか。

中学校卒業後の進路は、高等部の支援学校か、もしくは専修高等学校になるのですが、そこでは高校の卒業資格がとれないということになります。それは、今後の人生を障害者として支援を受けながら生きていくという選択を強いられることを意味します。

障害者枠で企業に入るという選択肢もあるのではないか、という意見もあるかと思います。

確かに、企業には一定の割合（２パーセント）で障害者を雇わないといけないという法律があります。違反すると納付金として罰金を払わないといけません。

しかし、それは都市部の企業でしか守られていないのではないでしょうか。

また、障害者枠で就職をすると、最初は他の人よりも給料が低いですし、職場の人の理解も、いつもいいとは限りません。そのためか、定着率がいまひとつという現状もあります。

それでも、障害者枠という選択肢があるのは間違いないですが、それは就職するときに考えればいいのではないでしょうか。

最初から障害者枠と決めて育てるのと、普通に就職するつもりで育てるのとでは、まったく振り幅が違います。できるようにならないといけないことも違いますから、大人になるまでの経験値が大きく違うのです。

要するに、**一般就労ができることを目標に一生懸命にがんばるほうが、選択の幅が広がる**ということです。

中学校で支援級に在籍すると、なかなか普通の高校に進学することは難しくなります。ただ、理解のある高校もあります。先にも述べたように、私の子どもも中高一貫校ではありましたが、理解ある私立の学校へ進学することができました。

ですので、それほど知能が低くない障害児を持つお母さんには、「**しっかり教育環境が整った学校を選んであげてください**」と私は言っています。

それは、社会的に認められた学習過程を終了すれば、その先に進むことができるからです。

専門学校に進むにしても、高校の卒業資格は必要です。もし高校で支援学校に行ってしまったら、学校によっては、専門学校に行くこともできなくなってしまうのです。

できなくても「やりぬく力」を身につける

発達障害が大人に近い年齢になってから発見される子もいます。

たとえば母親への思いやりに極端に欠けている子。身体のことを考えて、食事に気をつかってくれているのに、それが理解できない、「おいしくない」と言って母親を傷つけてもケロッとしているのです。

若者への支援を考えた場合、様々な方向からアプローチしなければなりません。

私のところでは「5つのスキル」を伸ばすアプローチを行っています。

5つのスキル

①アカデミックスキル――基本的な学力

② **モータースキル**——やる気

③ **ソーシャルスキル**——社会的な経験

④ **ライフスキル**——生活能力

⑤ **マインドスキル**——感情コントロール

ちなみに、私の子どもはもう自立していますが、仕事をはじめたとき、毎日大変そうだったので、

「**あなたも仕事に行って、毎日怒られてばっかりで大変やな？**」

と言ったことがあります。すると、子どもからは、

「**そんなん当たり前やん。できないことばっかりやもん**」

と返ってきました。

「仕事をする子ども」をイメージする

できないこともたくさんあるのだと思いますが、叱責されても罵倒されてもがんばる力を大人になるまでに獲得できていたのだなと、感動しました。

公共の乗り物に「ひとりで乗れる」ようにする

普通に就職するにしても、障害者枠で就労するにしても、最低限のことはできるようになったほうが人生の幅は広がります。たとえば、ひとりで公共の乗り物に乗れたり、その途中でアクシデントがあっても自分で対応できたりしなければ、たとえ障害者枠であっても、企業は雇ってくれません。

だからこそ、できるだけ同年齢の子と同じようなことを経験してほしいと私は考えています。というのも、ほとんどの支援高校は送り迎えがバスだからです。障害の度合いによっては、送迎バスでなければいけない子もいるでしょうが、そうでなければひとりで電車やバスに乗って通学させてほしいと思います。

学校に通うのは定期券かもしれませんが、**どこか別に出かける際は、普通に切符を買ってひとりで電車に乗る、もし電車が止まってしまったら、自分で連絡を入れるなどの対応をする、そういった経験をさせてあげてほしい**と思います。そういうことは、学校では教えてくれません。自分で経験して身につけていく生きる知恵なので、保護者がその機会をつくってあげたいですね。

障害のある子どもをひとりで公共の乗り物に乗せて、目的地まで行かせるのは、親からすれば非常に心配だと思います。

その気持ちは痛いほどよくわかりますが、少しずつ練習させなければ、いつまでたってもひとりで電車やバスなどの公共の乗り物に乗ることはできません。

テレビ番組の「はじめてのおつかい」と同じように、**最初は親と一緒に乗って、「こういうふうに切符を買うんだよ」と教えるところからはじめてください。その次は、ひとりで乗せて、後ろから見守る。**そういった過程を丁寧に追っていくといいでしょう。

Ｓｕｉｃａなどの電子マネーを渡すのもいいですが、いざというときのために切符を買えるほうがいいですよね。それは、どの子どもでも同じだと思います。特に障害のある子どもの場合は、チャージ金額がなくなっていて改札を出られないと、パニックになることもあります。

ですから、私のところに来る場合も、中学生以上の子は「できる限りひとりで来られるように練習させてください」と言っています。

最初から「この子は障害を持っているから仕方がない」とあきらめるのではなく、いろいろと挑戦させてあげてほしい。何ができるようになるか、どれだけ発達するかは、実際にさせてみなければわかりません。

その機会を最初から奪わないようにしてあげてほしいと思います。

自分でできる「身のまわりのこと」をひとつでも増やす

もうひとつ考えておかないといけない重要なことがあります。それは、たとえ障害があっても、**身のまわりのことを自分でできるようにしてあげること。**

あまり考えたくないことかもしれませんが、自分たち親が死んだ後のことも考えておく必要があります。

兄弟がサポートするのも大変ですし、また本人も嫌だと思います。軽度の知的障害だったりすると、お世話してもらっていることに対して「申し訳ない」といった心的ストレスもあるでしょう。

他の人の助けを受けなくても最低限のことは自分でできるようにしたほうが、本人の救いにもなるのです。

それは、自信にもつながります。

先にも述べましたが、何ができるようになるかわかりません。ですから、いろいろなことをさせてあげてください。かなりの時間がかかったとしても、できることが少しずつ増えていったほうが絶対にいいと思います。

最低限のことで言うと、やはり生活に関したことでしょう。掃除、洗濯、料理といった家事ですね。そういった家事については、次章で述べるような〝お手伝い〟として経験値を上げていってほしいと思います。後で詳しく述べますが、お手伝いは脳の発達にとって、もっとも効果的な療育でもあります。

人に対する優しさを育む

私たちの療育プログラムでは、小学生以上の子どもを対象に調理実習も行っています。今日は何をつくるかということを決めて、みんなでスーパーに買い出しに行くこともあるのです。あるとき女の子が買い物に行き、スーパーの袋をいくつも持っていました。ところが、その側では荷物を何も持っていない男の子がいます。

私はその男の子に「**○○君、△△ちゃんの荷物、ひとつ持ってあげたら？**」と言いました。すると、その男の子は「**なんで？**」と聞いてきたので、私は「重たいし、男の子でしょ？」と答えました。

すると、男の子から反撃に遭いました。**「なんで男の子だったら重たいものを持たないといけないの？　力が強い女の子もたくさんいるよ」**と。

力の強さだけで言えば、そういう女の子もいるので正しいのですが、私が言いたいことはそこではありません。どちらのほうが力が強いとか弱いとかではなく、人としての思いやりや優しさではないか、といったことを私は話しました。いろいろな意見があるかもしれませんが、男の子から「それ持ってあげようか」と声をかけられると、やはり女の子は嬉しいですよね。

思考のヒント

相手を思いやる気持ちを考えさせる

相手の気持ちをイメージするワーク

これは思いやりの話です。

人と何かしらの関係を築くとき、思いやりや優しさのない子は嫌がられます。**自分のことしか考えられないような子は、なかなか他の子と良好な関係を築くことはできませんし、それが自分を生きづらくさせることにもなるのです。**

どれだけ感情や情緒的な部分を発達させてあげるかも重要になってきます。今の調理実習といったグループワークには、そういった狙いもあるのです。

本当は自分がしたいのに友だちに譲ったり、自分が一番にしたいのを我慢したりする。つまり、ひとりだけが心地よくなるのではなく、みんなが心地よくなるように協力することは、相手の気持ちに対する思いやりを育むトレーニングでもあるのです。

それでも、情緒を育むというのはなかなか難しいものがあります。そういった場合、時期を待つということも必要です。

男の子の場合、「女の子にもてたい」「女の子に嫌われたくない」といった思春期特有の感情が芽生えてくると、急に優しくなったりします。

少し別の話ですが、毎日お風呂に入らない中学生の男の子がいました。3日に1回くらいは入っていましたが、お母さんが「汚いのが一番嫌われるよ」と言っても、まったく聞く耳を持たない状態でした。

ところが、あるとき異性に目覚めて、急にお風呂に入るようになったのです。お母さんの言葉には耳を貸さなかったのですが、同級生の女の子に何かを言われたのか、急に身ぎれいにするようになりました。

実は、それまで歯を磨くのを嫌がって、お母さんを困らせていたのですが、それも解消されました。

個人差はありますが、中学生から高校生にかけて、男の子は異性の目を気にするようになります。そういった時期を待つことも大事だとしみじみ思った出来事でした。

「お母さんのために……」の気持ちを育てる言葉かけ

また、家庭内での声かけでも、情緒的な部分の発達を促すことはできます。

たとえば、お母さんが喉が渇いてお茶を飲みたいとき、子どもにお茶をいれてもらおうと思ったとします。そのとき、「喉渇いたから、お茶いれて」と言うのではなく、**「お母さん、喉渇いたなぁ」**と言ってみる。すると、子どもはお母さんに「じゃ、お茶いれてあげるね」と言ってくれるかもしれません。

つまり、言われたからするのではなく、**子ども自身が「お母さんのためにしてあげよう」と思って自主的に行動するように促す**のです。

子どもはお母さんのことが大好きですから、「お母さんに褒めてもらいたい」「お母さんにいい子だと思われたい」という思いが強いもの。そういった普段のやりとりから、情緒が育つようにしてあげることもできると思います。

お母さんが満たされないと、子どもも満たされない

結局のところ、**お母さん自身が満たされていなければ、人に対する優しさを教えられないのではないか**と、私は思っています。

嫌なことがあったりして、イライラとしていたら、どうしても子どもに悪影響を与えてしまいます。ここまで述べてきたような丁寧な子育てもできなくなりますし、つい怒ってしまうことも多くなってしまいます。

ですから、夫婦の関係が良好であるということは非常に重要ですね。発達障害の子どもを授かると、どうしてもお母さんの負担が大きくなってしまうかもしれません。それは仕方のないことではありますが、だから旦那さんの協力がないと、お母さんはつらいだけ。

旦那さんが協力的で優しくしてくれるのが一番ですが、そうでなければお母さん自身の考え方を変えないといけないかもしれません。

たとえば、「仕事が忙しいから」と言って協力してくれないのであれば、「そういうものだ」と割り切るなど、**とにかく不満を溜めないようにしてほしい**のです。

かなり難しいことではありますが、旦那さんに対する不満を募らせるのではなく、**「自分が積極的にかかわることで、子どもの将来を明るくしている」といったポジティブな感情を持ってほしい**と思います。

ただ、今のお父さんは、昔に比べて子育てに協力的で、理解があるのではないでしょうか。私のところにいらっしゃる方も、だいたい夫婦の仲はよさそうですし、子どものためを思って夫婦で協力して努力されている方がほとんどです。

また、仕事のストレスもありますよね。家庭の経済的な理由から仕事を辞められない方も多いと思いますが、私のところに来られているお母さんは、バリバリと仕事をされている方ばかりです。

特に女性については、仕事をするかどうかは本人の選択でいいと思います。

私のようなシングルマザーの方は、仕事をしなければいけないでしょう。でも、どんな仕事をするのか、どのくらい働くのかは、やはり本人の選択です。

先にも述べましたが、私は一番大変だったときで、3つの仕事を掛け持ちしていました。1日に20時間も働いて、仮眠くらいにしか寝ることができない時期もありました。

経済的な理由が大きかったのですが、それも私の選択です。離婚をしたのも、子どもを引き取ったのも、子どもをお金のかかる私立に通わせたのも、そしていくつもの仕事を掛け持ちしたのも、すべて私の選択だったのです。

もし仕事をすることを選択したのであれば、それはそのほうが自分にとってプラスになると思ったからではないでしょうか。

日々の仕事でイライラすることも多々あるかと思いますが、自分で納得して仕事をしているのだと思い、前向きに気持ちをもっていきましょう。

愛情豊かでいるために、ときにはお母さんも休息を

もう一度言いますが、お母さんの精神状態は、すぐに子どもに影響してしまいます。

前にも述べましたが、子どもたちはお母さんやお父さんから褒められたいと思っています。でも、中には子どもに愛情をかけられない親もいます。**子どもが欲しているのに、愛情を与えられないのは、自分への愛情が足りないからではないでしょうか。**

アンパンマンがおなかをすかせている人に自分の顔を分け与えられるのは、焼きたてのパンが頭にあるからです。ばいきんまんに水をかけられたら、いくらアンパンマンでも、自分の顔をあげることはできませんよね。

ですから、子どもに分け与えられるくらい、お母さん自身が愛情豊かな人間でいてほしい。

ときには、お母さんも休んだり、自分が楽しいと思うことをして、精神状態をプラスにすることも大切です。

幼いときに子どもに愛情をかければ、子どもは愛らしく反応してくれます。そういった子どものかわいらしさを日々目にすることで、さらに母親としての愛情が湧いてきます。

このような愛情のいい循環を築ければ、ストレスも減ってくるのではないかと思います。

親の役割は「環境を整える」こと

親の役割は、その子に適した環境を整えることだと思っています。

ひとつは、家庭環境。そして、もうひとつは教育を受ける環境です。つまり、その子に適した教育環境ですね。

私の子どもの場合、小学校の先生から「このまま中学校に行ったら、絶対にいじめられるでしょう」と言われました。もちろん普通の公立中学校でもいいのですが、15年前くらいの当時は世間の理解もなければ、発達障害についての法律もまだ整備されていませんでした。

養護学級はありましたが、軽度の障害や学習障害のある子どもたちが行くクラスはありませんでした。2005年に発達障害者支援法という法律が施行されて、ようやく軽度の発達障害児も特別支援教育を受けられるようになったのです。

ですから親が、その子をどう育てるか、どう育ってほしいかを決めて、環境を整えないといけません。私の場合、裕福でもないのに私立の中学校に行かせる選択をしたのは、そのためでした。

そのときに重要になってくるのが、先にも述べた「その子が25歳のときに、どういったふうになっていてほしいか」を考えることですね。

子どもの居場所をつくってあげる

今は地域の子ども会も強制ではないので、入りたくなければ入らなくてもいいコミュニティになっています。役職が回ってきたりすると親も面倒ですから、子ども会に入っていない人も多いかもしれません。

私は、**できる限り子ども会などの地域コミュニティに参加してほしい**と思っています。

近隣の人たちと疎遠になってしまうと、何かあったときに助けてくれる存在がいなくなるので、子育てで追いつめられてしまうからです。

他の人に迷惑をかけるのではないだろうかと思ったり、恥ずかしいと感じたりする気持ちはわかりますが、地域の人とのかかわりを閉ざしてしまうと、本当にひとりですべてを抱え込んでしまうことになります。

地域の中で、その子を受容してくれる人と場所があるほうがいい。面倒に思うかもしれませんが、子どものことを思うのであれば、まわりの人に早い段階から、

「**すいません、ご迷惑をおかけしますが、よろしくお願いします**」

と伝えておく。

そのひと言があるだけで、何かがあってもたいしたことにならなかったり、許してもらえたりすると思います。「○○ちゃん、こんなことあったよ。でも大丈夫だったから」と言ってもらえるだけで、本当に嬉しいですよね。

学校であれば、積極的に役員を引き受ける。そうすると、いろいろな情報も入ってきますし、学校の先生に話をしやすくもなります。

特に障害の症状が深刻に残ってしまったら、おそらくその地域でずっと生きていくことになると思います。**まわりの理解と協力がなければ、やはり生きていくのはつらい**のではないでしょうか。

たとえば、同級生の子がいれば、いろいろと助けてくれることもあるでしょう。子どもの将来のためにも、**知らない人ばかりの地域よりも、小さいときから一緒に育った友だちがたくさんいる地域のほうがいい**のではないでしょうか。

つまり、育った地域での子どもの居場所づくりです。自分の家という居場所があり、地域という受け入れてくれる場所をつくる、ということです。

そういうことも考えると、できる限り地元の小学校に通わせたほうがいいと、私は思っています。多少自分と違うところがあっても、たとえ障害があったとしても、子どもは受容してくれるもの。

健常児と一緒に自閉傾向の強い子も受け入れている私立の中学校が関東にあるのですが、そこにかつて通っていた男の子に、

「**自閉症の子たちと一緒に学んでいてどうだった？**」

と聞いたことがあります。

その男の子は、

「**別に何とも思わなかった。できないこともあるけど、できることもあるし**」

と言っていました。

子ども同士のほうが偏見がないのかもしれません。

それどころか、その子は大学生になったとき、

「**もっと、そういう子たちのことを理解したい**」

と言って、私のところに勉強しに来てくれていました。

「田舎の学校」という選択肢

子育ての環境ということを考えると、**田舎で暮らすという選択**もいいと思います。

野原を走り回ったり、身近に咲いている草花を愛でる。

そういった環境で子育てをしたほうが、子どものコミュニケーション能力も言語能力も高められるでしょう。

自然が身近にあれば、季節のものを覚えるので、語彙力も増えると思います。

小学生に「春に関する言葉をたくさん見つけよう」と言ったら、子どもたちからは少ししか挙がらないことがありました。

インストラクターの方が、「ほら、咲いた、咲いた♪ の花は」と歌って聞いても、「わからない」と答えます。ちなみに「ひまわりはいつの季節？」と聞いても、「わからない」という返事でした。

都会に住んでいると、あまり季節を感じることがないのか、記憶として残っていないのかも、と衝撃を受けました。

それが**身近に自然がある場所であれば、実際の見聞として記憶に残る**のではないでしょうか。

主導権は、常に親が握っておく

障害を持った子を育てるとなったとき、やはり大きな負担を強いられるのはお母さんだと思います。私たちのところに相談に来られるのも、最初はお母さんです。途中からご夫婦でということもありますが、旦那さんが率先して来られることは少ないのが実情です。それでも専業主婦のお母さんの場合、お金を出すのはお父さんなので、療育プログラムを受けさせるかどうかの決定権は旦那さんが持っていたりします。旦那さんがダメと言ったら、基本的には難しい。そうなると、子どもの発達を促す機会が閉ざされてしまうことになるかもしれません。

それを避けることが、本書の一番の目的でもあり、一番の役割だと思っています。要するに、**家庭内で療育することが、一番ハードルの低い方法**だということです。子どもの発達を促すためにも、そして旦那さんの理解を得るためにも、お母さん自身が勉強しなければいけません。専門家と言われている人たちよりも詳しくなるくらい"知る必要"があるのです。

言い方は悪いですが、**専門家の人は利用するものだと思います**。役割をもつ専門家のところに行くにしても、常に主導権は自分が持つようにしてください。そうでなければ、専門家の指示どおりに親が動くことになるので、うまくいかなかったときに後悔することになってしまいます。

主導権に関して言うと、**子どもにも主導権を渡さないようにしてください**。あくまでも親が主導権を持って、子どもを導かないといけません。経験値の少ない子どもに決定権を渡すことは危険なのです。

なぜなら、**人生を左右させるような大事な場面の決定を子どもに委ねてしまうと、間違った選択をして、その子の生きる世界が狭くなってしまうこともある**からです。

たとえば、どこの中学校に進むかという大事な選択をしなければいけないとき、子どもに「どっちの学校に行きたい?」と聞くと、たいていが「○○ちゃんがいるから、こっちがいい」と言います。もちろん友だち関係のことも選択するための大きな要因ではありますが、それだけで決めてはいけないということです。

目先のことよりももっと長いスパンで考えるのは、経験値のある親の役目です。言うまでもありませんが、日々の些細な選択肢は子どもに与えても大丈夫。逆に、親がラクしたいからという理由で、選択肢を与えないのは、少し親の勝手ですよね。

また、選択肢も、よく考えないといけません。

たとえば、不登校傾向にある子に対して高校を選択するとき、**「A校とB校だったら、どっちがいい？」と聞くのはいいですが、「高校に行く？　行かない？」といった質問はダメだということ。**家の中から出なくてもいいような選択肢を与えてはいけません。もちろん、そのA校とB校は、親がその子の将来を考えて、どちらでも大丈夫と判断した高校です。

ここまで発達障害の子を育てるうえで重要な考え方について述べてきました。次章からは具体的に家庭でできる療育について述べていきたいと思います。

第2章
家の「お手伝い」でスキルを身につける

子どもにとって一番大事なのは家庭内での療育

子どもの脳を発達させるためには具体的に何をすればいいか、よくわからないお母さんが多いのではないかと思います。

公的な機関に相談に行っても、具体的な方法を教えてもらえないことがほとんどではないでしょうか。具体的な情報を持っている保健師さんが少ないという現状があるからです。

もちろん公的な機関で療育を受けることも大切ですが、家庭でどのように子どもと接したらいいかわからないという不安を持っている保護者も多いと思います。

たとえ療育を受けられる環境でなくても、子どもの発達によいと言われていることを試してみたいと思うのは、保護者の当然の思いですよね。

公的な療育を受けられるかどうかよりも、家庭でしっかりと療育するほうが、子どもにいい影響を及ぼすことは、私の経験からもはっきりと言えます。

そこで、本章と次章で、家庭でできる療育を具体的に述べていきたいと思います。

家事のお手伝いが脳を発達させる

家事のお手伝いをさせることは、究極の療育アプローチだと私は思っています。

子どもの発達にとってもいいですし、将来自立するための準備という意味でも、家事は最高の療育と言えます。また、子どもに家事を手伝ってもらえれば、お母さんもラクになるというメリットもあります。

また、**子どもに家事を手伝わせると、子どもの困りごとがどこにあるかもわかります。**

普通に「これはできるだろう」と思ってお願いしても、案外できないことも多々あるわけです。

たとえば、「お風呂見ておいて」とお願いしたら、ずっとお風呂を見ているだけの子どもがいました。水が湯船から溢れていても、それを止めることなく、ただ見ているだけなのです。

そういう経験を経て、子どもは何ができなくて、何ができるのかがわかってきます。また、どこが理解できていて、どこが理解できていないかがわかります。

お母さんのほうも、**「お風呂見ておいて」**と言うだけではなく、**「お風呂見ておいて。お湯がいっぱいになったら、止めてね」**と言わなければいけないことを学びます。

子どもも、同じことを何度か経験して、次第にできるようになっていくでしょう。

また、こんなこともありました。

食器の洗い物をお願いしたのですが、水の量を調節しないため、お皿から跳ねた水しぶきが強く、自分も床もびしょぬれになってしまったのです。それでも本人は何の疑問も持たず、平然としていました。

ごはんをよそってもらうにしても、しゃもじの持ち方がわからない子もいれば、ごはんを押さえつけるように茶碗によそう子もいます。

言葉かけヒント

あいまいな言い方をさけて明確に伝えよう

いろいろなお手伝いをさせてみて、その都度注意を促していく。

その中で、気をつけないといけないポイントなどを学んでいきます。何事も経験させないとできないのは、健常児と同じ。できるようになるために時間はかかりますが、まずはさせてみないとはじまらないのです。

もう一度言いますが、家事の手伝いはしつけであり、発達を促す療法でもあり、自立した生活を送るための練習でもあるのです。

簡単なお手伝いからスタートし、徐々に難しくしていく

お手伝いをしてもらう際には、「子どもがどの発達段階にいるのか」に注意しなければいけません。第1章でも述べたように、子どもの発達段階に合わせた対応をする必要があるわけですね。

子どもにとって簡単すぎることをダラダラさせるのもダメですし、難しすぎることをお願いするのも子どもはつらいと感じてしまいます。

「**うちの子は幼いから、まだお手伝いは無理かも**」と思っているお母さんもいるかもしれません。でも、どんなに幼くても、できることを見つけて、挑戦させてあげてほしいと思います。

一番簡単なのは、何かを持ってくることかもしれません。

たとえば、郵便物を取りに行くことからはじめてみるのもいいですね。また、テーブルの上を台拭きで拭いたり、お箸やスプーンなどを並べたり、簡単な食事の準備からスタートするのもいいと思います。

そして、部屋の片づけをしたり、ハンカチやタオルなどの簡単な洗濯物をたたんだり、炊飯器のスタートボタンを押したり、玄関の靴をそろえたり、トイレの掃除をしたり……と、少しずつレベルアップしていけばいいのです。

同じお手伝いであっても、少しずつ、難しくしていくことができます。

洗濯物であれば、たたみやすいタオルからスタートして、そのうち靴下やパンツ、洋服といった具合に、徐々に難しいものに挑戦させるようにしてください。

新しいことを子どもにさせるのは、どうしても面倒に感じてしまうと思います。「自分でやったほうが早い」と、つい自分でしてしまいがちですが、子どものためだと思って、ちょっとしたことでもお願いするようにしてください。

幼いときでも できる お手伝い

夕食のお手伝い

・野菜を洗う
・野菜を切る
・炒めるなど、簡単な調理
・夕食のメニューを決める
・買い物に行く

食事の準備

・テーブルを拭く
・食器を並べる、片づける
・ソースやドレッシングなどの調味料を出す
・お茶をコップにそそぐ
・ごはんをお茶碗によそう

洗濯物

・洗濯物を取り込む
・洗濯物をたたむ
・洗濯物を持ち主別に分ける
・洗濯物をタンスなどにしまう

掃除

・玄関を掃く
・掃除機をかける
・トイレの掃除
・お風呂の掃除
・拭き掃除

朝食のお手伝い

・パンをトースターで焼く
・ごはんをよそう、おにぎりを握る
・卵料理をつくる（卵を割る）
・飲み物を用意する

「食事のお手伝い」から学べること

家事のお手伝いをさせることで、子どもたちは本当にいろいろなことを学べます。

料理のお手伝いを主な例に挙げながら、どういった効果があるかを見ていきたいと思います。

調節力

①力の調節を学んでいく

健常児もそうですが、**幼い子どもは力の調節が苦手です。**友だちを強く押してしまって、トラブルになったりするのも、力の加減がわからないからですね。

たとえば、食事の準備をお願いすると、テーブルの上にお皿を「バン！」と強く置いてしまいます。最初は、どんな子であっても同じでしょう。お母さんから「そっと置いてね」と言われて、少しずつ力の加減を学んでいくわけです。

特に発達障害の子どもには、この力の加減を調節するのが苦手な子がたくさんいます。そのため、モノを思いっきり投げたり、強い力でたたいてしまったりするのです。

そこで、料理の準備のお手伝いをさせることで、力の調節を学ばせてあげてほしいと思います。

お箸をそろえて並べたり、ごはんをそっとよそったり、コップにお茶をそそいだり、食器を並べたり片づけたりするのも、すべて力加減を調節する訓練になります。

先に述べた食器を洗うときの水の調整も、力の加減を学ぶことにつながっています。なかなかうまくいかないと思いますが、毎日挑戦させてあげれば、必ずできるようになります。時間はかかりますが、気長にお手伝いをさせてください。

②親子で「伝える力」を上げる コミュニケーション力

お手伝いをさせるためには、当然ながら親子間でのコミュニケーションが必要です。何かをお願いするにしても、言い方ひとつで子どものやる気は変わってきます。

「用意を手伝いなさい。そうでないと、ごはん食べられないよ」

と、しかり飛ばしてお手伝いをさせてしまうと、子どもは嫌になってしまいますよね。

「ごはんのお手伝いしてほしいな。そうしたらお母さん、すごく助かるんだけどなぁ」

といった言い方をしたらどうでしょうか。きっと積極的にお母さんの手伝いをしてくれるのではないでしょうか。

「手伝ってあげよう」
「お母さんに喜んでほしいな」
「いい子だと思われたい」

このようなポジティブな感情が生まれるので、子どもの情緒面の発達にも、いい影響があると言えます。

言葉かけヒント

**子どもの気持ちを考えて
よい方向に導く**

③自分で考えられるようになる

思考力

たとえば、ごはんをよそうお手伝いをさせるとき、「**自分でよそった分は、残さずに食べてね**」と言ってみる。「**○○ちゃんが食べられる量だけよそってね**」と声をかけるのもいいですね。

すると、**自分のお茶碗によそうごはんの量を、調節できるようになってきます。**自分が食べられる量はどのくらいかを、自分で考えるようになるのです。

お手伝いの仕方は、1から10まで指示しないほうがいいでしょう。最初は自分のやり方でいいと思いますし、必要に応じて後から補足していけばいいのです。

ごはんをよそうのも、最初は自己流でいいですが、慣れてきたら「最初にしゃもじを水につけたら、ごはんつぶがつかないよ」、「端からかき混ぜながらよそったほうが、ふっくらとおいしくよそえるよ」と、適宜教えていけばいいと思います。

いきなりすべてを教えると子どもはパニックになってしまいますし、自分で考える余地を残しておいたほうが、子どもの発達のためにはいいのです。

また、**もう少し大きくなれば、子どもと一緒に献立を考えてみてください。**何を食べたいか、そのためには何を買いに行かないといけないか、そういったことを話し合いながら、子ども自身が自分で物事を考えられる力を育んでいってほしいと思います。

最初から、たとえば「シャツはこういうふうに畳むんだよ」とやり方を決めてしまったら、子どもはおもしろくないと思います。**言われたことを言われたとおりにすることほど、つまらないことはありません**よね。

それでは、指示したことはできるけれど、自分で考えて行動できる人にはなりません。健常児も同じではありますが、特に発達障害の子どもには、いろいろな練習を何度もさせてあげて、何度も自分で考える機会を与えてあげてほしい。そして、その子の考え方ややり方を尊重してほしいと思います。

少し話は大きくなりますが、子どもの人格を尊重してあげられない親も少なからずいるようです。親の思いどおりに子どもができるようになったらいいと思っているのか、子どもの意見や気持ちを無視した行動や発言をする親を見かけます。

そういうふうに育てられると、意見の言えない大人になってしまいますし、自分で何も考えられない大人になってしまいます。就労することも難しくなりますし、本人も生きづらい思いをするのではないでしょうか。

ですから、子どもの人格を尊重してあげて、自分でいろいろと考えられるように育ててください。そのためにも、家事のお手伝いは有効な療育と言えます。

食べる力

④偏食がなくなる

自分で食事の準備をしたり、実際に調理のお手伝いをするようになると、食に対する興味が出てきます。

自分でつくったものだと、「食べてみたい」という気持ちが芽生えてくるのです。**好き嫌いをなくすためにも、料理のお手伝いをさせることが効果的**なのですね。

食事の重要性については、第4章でも述べたいと思いますが、私はバランスのいい食事は子どもの発達に大きな影響を与えると考えています。偏った栄養だと、脳の中枢神経系の機能も偏ってしまいます。発達のでこぼこを整えるためには、バランスのいい食事を心がける必要があるのです。

食事に対して関心のない子どもも少なからずいるのではないでしょうか。

自分の興味や関心があること以外は、あまり意識していないので、記憶にも残らないのだと思います。

たとえば、子どもにカレーをつくらせたとします。にんじんやじゃがいもを切らせたりするわけですが、どのくらいの大きさに切っていいかわからない子どもがいま

す。**「いつもお母さんが切っているような大きさでいいよ」と言っても、記憶に残っていないため「わからない」と言うのです。**

そのくらい、子どもは自分が普段食べているものに意識が向いていないのですね。

料理のお手伝いをさせることは、自分が食べるものに意識を向けさせる狙いもあります。自分の身体に取り込むものに興味と関心を持ってもらい、偏食をなくして健康な身体をつくっていく。それは、大切な療育の一環でもあります。まさに食事療育です。

言葉かけ
ヒント

子どもがイメージしやすい
ものにたとえてあげる

最初の目標は「自分で朝食をつくれる子」に！

私が主宰している発達障害児支援ＬＯＦ教育センターでは、年に2回合宿を行っています。行き先は沖縄なのですが、親はついていきません。子どもたちだけで飛行機に乗って、沖縄に行きます。

ですから、条件は小学校１年生以上で、母子分離ができること。ある程度のことが、ひとりでできることが条件になっています。

合宿では、布団をたたんだり洗濯をしたりなど、自分のことは自分でしてもらいます。普段行っている療育を合宿で集中的に行うわけです。

また、**友だちと一緒なので、お風呂に入る順番を決めたり、一緒に療育プログラムをしたりすることで、友だちと協力しながら進めていく経験もしてもらいます。**友だちとの関係をどのように築いていくかを学ぶのも、合宿の大切な目的のひとつです。

その合宿では、朝ごはんの支度を子どもたち自身でするようにしています。

「朝食の用意」から学べる多くのこと

その日によってメニューは異なりますが、たとえばごはんを炊き、おにぎりを握る練習をしたりします。

おにぎりを握るのは、案外、難しいですよね。手を濡らして塩を付け、適量のごはんを取って握るわけですが、ごはんは飛び散りますし、最初に適量の水をつけないと、てのひらにはいっぱいのごはんつぶが付いてしまいます。

最初はギュッと握っただけのおにぎりしかできないのですが、そのうち丸にしたり三角にしたりします。少し難しいですが、俵形に挑戦したりもします。**おにぎりを握る、ただそれだけでも、力の加減やタイミング、ごはんの量など、いろいろなことを考えないとできません。**

あとは、自分の好きな卵料理をつくることもあります。自分で卵を割ってフライパンに油を引いたりもしてもらうのです。目玉焼き、スクランブルエッグ、卵焼きなど、自分で食べたい卵料理を考えて、自分で調理するわけです。

時間がかかる料理は、こちらで用意しますが、野菜を切るところだけ子どもたちにしてもらったりします。

さらに身体のことを考えて、野菜と果物のスムージーをつくるのですが、野菜や果物を切ったり、ミキサーに入れたりするのも自分でやってもらいます。野菜や果物をどういう組み合わせにするのか、本人に決めさせるのですが、それは自分で考える訓練でもあります。自分でつくったものは、少々味が自分好みでなくてもしっかり飲みほしています。

ごはんの用意ができたら、「いただきます」と言うだけでなく、必ずみんなに「残さずに食べましょう」とか「おいしくいただきましょう」といったひと言を言ってもらうようにしています。簡単な言葉でいいので、自分で考えた言葉をみんなの前で発言する機会を与えているわけですね。それは、「ごちそうさま」のときも同じです。

そして、**食べ終わったら、食器を洗ったり、テーブルの上を拭いたりして、きれいに片づけるところまで、みんなで一緒に行います。**

「お母さんが大変そうだから、朝食をつくってあげたい」

この沖縄合宿に連続して参加しているあるお子さんは、合宿でおにぎりと卵焼きをつくれるようになりました。お母さんの仕事が忙しいとき、体調がすぐれないときなど、ごはんの仕度を自主的に行うことができるように成長しています。

同じように、自分で朝ごはんの用意ができるようになった子はたくさんいます。**強制されて渋々用意を手伝うのではなく、自分の意志で「こうしたほうがいいだろうな」と思って積極的にするのですから、私から見ていても「すごいなぁ」と感心し**

ています。

その根底には、やはり思いやりが育っているからだと思います。

「お母さんが大変そうだから、つくってあげよう」

といった情緒が育っているわけですね。

朝食の用意であれば、自宅でも手伝わせることができるはずです。お母さんがすべてを用意してあげて、「はい、食べなさい」とするのではなく、子どもに朝ごはんをつくらせてみてもいいと思います。朝ごはんであれば、年齢が低くてもできるのではないでしょうか。

朝は忙しいので「そんなことをする時間はない」と言われるかもしれませんが、たとえばシリアルを出して、お皿に入れたりすることはできるはずです。

もう少し時間に余裕があれば、野菜と果物を切ってスムージーをつくらせてみてください。自分で何を入れるか考えてミキサーでかき混ぜることは、子どもたちにとっても楽しいことなのです。その中で食育について教えていくこともあるでしょう。

子どもの発達にとって重要な肌と肌の触れ合い

子どもの脳の発達において、**影響力が大きいのが、肌に触れること**です。

特に子どもが小さいときは、言葉を交わすことができないので、なかなかコミュニケーションをとりにくいでしょう。幼少期の子どもの表現方法は、泣くことだけだったりしますので、親は「なぜ泣いているのか」の理由を探るだけで精一杯かもしれません。

でも、そんな状況であったとしても、子どもに触れて語りかけることで、しっかりとコミュニケーションをとることができます。

手は第二の脳とも言われるほど、脳の発達や思考と密接に関係しています。ですから、子どもの手をしっかりと握って語りかけることが大切です。

また、お母さんの優しい手でマッサージをするなど、子どもの身体に触れてあげてほしいと思います。

そうすることで、子どもの脳はしっかりと発達し、精神的な安定も保たれていくわけですね。

肌に触れることで、子どもの不安は軽減する

ハーバード大学育児研究センターの２００４年の報告書によると、赤ちゃんの脳の基本構造は、生後２〜３ヵ月の間に人との接触を通じて形成されるそうです。

報告書には、「大人との接触が子どもの脳の回路を形づくり、認知能力の発達の土台を築くことがわかっている。将来の学業成績やメンタルヘルス、対人関係能力の違い

が生まれる根本的な要因はここにある」と書かれていました。

つまり、**子どもの肌に触れることは、お母さんとの愛着形成に大きくかかわっている**ということ。

受精卵が分裂して生じた細胞層のうちの一番外側にある外胚葉《がいはいよう》が、子どもの脳と皮膚をつくると言われています。そのため、皮膚に触れることは、脳に刺激を与えることでもあるので、脳を発達させることにつながっているわけです。

また、皮膚に触ることで、オキシトシンという愛情ホルモンが分泌されるので、母子ともにプラスの影響を与えます。

子どもが何かしらのストレスを抱えていても、お母さんが肌に触れてあげることで不安が減り、心が満たされることはよくあります。

安定した精神状態にいることは、子どもの発達を促しますし、またお母さん自身も精神的に癒やされる効果があります。

先に述べた沖縄合宿に行ったとき、ひとりの女の子の体調が悪くなってしまったことがあります。

夜中に咳き込んでいたので、私はその子の喉や胸のあたりをさすってあげました。

それだけでも、その子は落ち着いたようで、咳が止まったのです。心理的なものがすごく大切だと実感しました。

また、横で寝ていた別の女の子が、それを羨ましそうに見ていたので、私はその子の頭や頬をなでてあげました。すると静かに眠りに落ちていきました。もう小学校の高学年の子なのですが、**「こういった肌の触れ合いは、やっぱり子どもに必要なんだな」**とつくづく思いました。

触られるのを嫌がる子とのコミュニケーション

発達障害の子どもの中には、触られたりするのを嫌がる子もいます。

すると、親はなるべく子どもに触らないようになるのではないでしょうか。

でも、それだと子どもの発達も遅れますし、親子の愛着形成も阻害されてしまいます。それは、成長の過程で問題が出てくる可能性をはらんでいます。最近話題にのぼる愛着障害で思春期になったとき、たとえば反社会的な行動をとったり、暴力的でキレやすくなったりするのです。

子どもに触れられる時期は限定されていると思います。生まれたばかりの赤ちゃんであれば、抱っこをしたり、おむつを交換したり、服を着替えさせたりなど、常に皮膚接触の機会があります。

小学校の低学年くらいまでは、外を歩くときでも手をつなぐかもしれませんが、高学年になるとそういうことも減ってきます。

ですから、子どもの肌に触れられる時期に、しっかりと肌と肌でコミュニケーションを取ってほしい。

頭をなでてあげたり、寝るときに背中や胸をトントンとしてあげる。そういうことだけでも効果があると思います。

「思わず子どもに手が出てしまいそうなとき」の対処法

また、自分の思いどおりにいかないとき、何度言ってもわかってくれないとき、話しかけても反応がないときなど、どうしてもイライラしてしまうことがあると思います。そういうとき、思わず暴力的になってしまうお母さんもいるかもしれません。

「子どもを大きな声でしかりつけたり、たたいてしまったりするんです」という相談をお母さんから受けることもあります。

発達障害の子どもは、しつけがしづらいので、思わず手が出てしまう気持ちはよくわかります。

そういうとき私は、「**お母さんは、たたいたりするとき、子どもの目を見ていますか？　子どもの顔を見ていますか？**」と尋ねます。すると、大抵のお母さんは、子どもの目も顔も見ていないと答えます。

瞬発的に思わず手が出てしまうのでしょう。

ですから、「**感情的になってしまったときは、子どもの目や顔を見てください**」とアドバイスしています。子どもの顔を見ながら、子どもをたたけるお母さんはいないと、私は信じているからです。

イライラすることもあると思います。でも、子どもの頬をさすったり、頭をなでたりすると、子どもだけではなく、お母さんも癒やされるのではないでしょうか。

そういう余裕のある気持ちにはなかなかなれないかもしれませんが、だからこそ意識的に肌に触れたり、ハグしたりしてほしいと思います。

手の握り方とつなぎ方にもコツがある

第1章で、話しかけるときのポイントは、手を握って、子どもの顔をしっかりと見ることだと述べました。

その際、手の握り方にもコツがあります。イラストのように、**子どもの親指と人差**

し指の付け根の箇所を下から親指で押さえるようにします。

正面を向いて話しかけるときは、両方の手を握るといいでしょう。外を歩くときは、そのまま腕を下げて手をつなげばいいと思います。

手の握り方については、臨床研究に数年かかわらせていただいた小関康之氏から教わりました。『発達障害の子どもの明日を拓く』（海鳥社）には次のように記載されています。

「一九七二年に発達障害を有する子どもにかかわる臨床研究を開始した当初から、私は子ども一人ひとりとの手による接触を重

手の握り方とつなぎ方

要視してきました。当時においても、こちらが手を握ろうと試みても、最初から彼らがこちらの手を握りかえすことはほとんどありませんでした。そこで私が試みた方法が、前述した子どもの手の親指と人差し指のつけ根に私の親指を入れて、一定の間隔をおいて軽く押し、子どもの反応を見ていくというものでした。

この方法で回を重ねるにしたがい、子どもから反応が出るようになり、ついには私の指を子どもも握るようになります。」

発達が未熟な状態のときは、手をつなぐことができない子も多く、すごく嫌がります。**「痛い」と言ったりもしますが、それは本当に痛いと感じているというよりは「不快」であるということも多いでしょう。**

そういう場合でも、**手を離さないようにしてください。**先ほども述べましたが、手をつなぐこと（肌に触れるということ）は、本当に大事なことなのです。

第3章
「運動と学習」で ぐーーんと伸びる

随意運動で脳を活性化させる

ＬＯＦ教育センターのやまもと式支援プログラムのひとつ、療育Ｓ＆Ｅプログラムでは、「**随意《ずいい》運動**」を行っています。

随意運動とは、自分が意識して、運動をすること。頭で考えながら身体を動かすことです。

発達障害とは、簡単に言うと脳の発達にでこぼこがあることです。たとえば、右脳は極端に発達しているのに、左脳はあまり発達していないわけですね（逆もあります）。ですから、考えるという行為を通じて脳に刺激を与え、脳のでこぼこを整えるわけです。

発達していない脳の部位は、普段はあまり刺激が送られていないところですから、そこに刺激を与えるような運動をすることで、脳の発達を促すことができます。

疲れてパタッと寝てしまうほど、「脳を使う」運動

ある男の子の話です。最初に私のところに来たときは小学１年生。**非常に落ち着きのない子でした。部屋中をぐるぐると走り回り、奇声を上げていました。**

１回目のやまもと式Ｓ＆Ｅ療育プログラムで、「足をそろえて歩く」（後で紹介します）を30分ほどしてもらったら、それだけで大きな変化が表れました。

その男の子は電車が大好きなので、電車に乗ると、どんなに疲れていても座ることがなかったそうです。車内ではずっと立ったまま、車掌さんのアナウンスを真似してぶつぶつと繰り返して言うような子でした。

ところが、私のところにはじめてきた日に電車で帰宅する際、その子は**はじめて電車で座って寝た**というのです。この療育プログラムでは、脳を使う（意識する）ので、疲れてしまったのでしょう。お母さんは、「今まではありえないことです」と驚いていました。

しかも、**その日の夜から、夜尿がおさまったそうです。**小学生になっても、なかなか夜のおむつがとれなかったのですが、たった1回の療育プログラムだけでも、それだけの発達が促されるのです。

その後、**何回かの療育プログラムを行ううちに、部屋の中を走り回るようなこともなくなりましたし、奇声を上げるようなこともなくなっていきました。**

「脳を使う」運動で、言葉が出るようになった

このような例はいくらでもあります。

3歳児健診で「**この子は発達障害ですね**」と言われたお母さんが、私のところに相談に来られました。「このままだと、普通学級には入れない」とも言われたそうです。

その子も男の子なのですが、部屋に入ってくるや、まるで動物のように走り回りました。目につくものを次から次へと倒していきます。部屋の中にあったパーティションをなぎ倒し、机の上にある電話なども床にぶちまけます。まるでギャングの襲来かのようでした。

まだ言葉も出ていなかったので、コミュニケーションをとることも難しい状況でした。

私は、その子にも、先ほどと同じ「足をそろえて歩く」という簡単な随意運動をさせました。自分がしたくないことをさせられるのですから、もちろん**最初は泣きわめきました**。それでもなんとか、してもらったのです。

普段は、だいたい30分ほどしてもらうのですが、その子の場合は30分も持ちませんでした。実際に運動をしたのは、10分くらいだったと思います。

それでも、普段使っていない脳を使うので、とても疲れたようです。自転車で来ていたのですが、帰りの自転車でこっくりと寝てしまうほどでした。

その子も、たった1回の療育だけで夜のおむつがとれたのです。

臨床の結果、排せつ機能の神経ネットワークはこの療育プログラムでつながりやすいようで、特に低年齢の子どもは排せつの失敗がなくなったと報告を受けています。

それから、月に2回ほどですが、**何度か通ってもらううちに、ギャングのように暴れることはなくなってきました。今まで発達していなかったところが、どんどん発達していったのでしょう。**

3ヵ月くらい経つと、**自然と言葉も出てくるように**なってきました。お母さんも、そして私たちもびっくりするくらい言葉がどんどん出てきたのです。

もちろん、月に2回の療育プログラムだけで、このような著しい発達が起こったわけではありません。第4章でも述べますが、テレビを見ないようにしたり、おやつなどの甘い食べ物を控えてもらったりしました。つまり、家庭内での療育にも積極的に取り組んでもらえた結果でもあります。

家庭でできる随意運動

私のところで行っている随意運動は、基本的なことが多いので、家庭でできることもあります。ここでは、いくつかの簡単な随意運動を紹介しますので、ぜひ家庭でも行ってほしいと思います。

そのときに、いくつか注意すべきこともあるのでお伝えします。

随意運動の時間の目安は、長くても1日30分程度。

最初は10分くらいしかできないかもしれませんが、それでもかまわないので、継続的に試してください。

また、同じ運動ばかり30分していると、どうしても飽きてしまうと思います。ですから、これから紹介する①〜⑤の運動を組み合わせながら、短時間ずつ楽しく行うように工夫しましょう。

①足をそろえて歩く　ぴたっと歩き

一番簡単なのが、「足をそろえて歩く」という随意運動です。まずは、ここからはじめてみてください。

両足をそろえた状態から、まず右足を前に出します（どちらの足からはじめてもいいのですが、ここでは説明しやすいので、右足からスタートすることにします）。

次に、左足を右足にそろえる位置に移動させます。そのとき、左足の指先が右足の指先となるべくそろうようにします。

今度は、左足を前に出して、同じように右足を左足にそろえます。着地する位置をしっかり見て、両方の足の指先がきっちりとそろうようにしてください。

あとは、ゆっくり一定のリズムで、それを繰り返しながら歩きます。

意外と大人でも難しいので、お母さんも一緒に挑戦してみてください。なぜかいつも右足だけ少し前に出てしまったりもしますし、何度も繰り返しているうちに、どっちの足を動かすのかわからなくなったりします。そう、かなり頭を使うのです。脳がくたくたに疲れるのを実感できると思います。それほど、脳に刺激を与えているわけです。

また、慣れてきたら、少し難しくしてみます。たとえば、間に何か障害物を置いて、それをまたいで、同じように歩いてみるのです。障害物をまたぐという行為を追加することで、意識する項目を増やすわけです。

子どもは飽きやすいので、そういった工夫を加えながら、子どものモチベーションを保ってほしいと思います。階段で行ってみてもいいでしょう。

ここで、注意することは同じプログラムを最低限３回くらいは繰り返し、意識が定着するようにすることです。

運動

ぴたっと歩き

足をそろえて歩く

1. 両足をそろえた状態から、
片足を前に踏み出す

2. 逆の足を動かして、
先の足の横にそろえる
（足の指先をそろえる）

3. 今度は、逆の足を
前に踏み出して、
もう片方の足にそろえる

4. 1〜3を繰り返して歩く

【応用】途中に障害物を置いたり、階段を歩いたりする

②両足でジャンプして、両足をまっすぐにそろえる 両足ジャンプ

次は、両足でジャンプして、両足をそろえる随意運動です。

両足を少し開いて、ジャンプしやすい体勢になります。そして、**「い〜ち、に〜の、さんっ！」とゆっくりリズムをつけて、前方にジャンプします。**

着地するとき、先ほどと同じように、両足の指先がそろうようにします。両足をそろえるだけでなく、かかとから指先まで足がまっすぐになるようにも意識してください。

これは、先ほどの①「ぴたっと歩き」よりも難易度が高くなります。

発達段階、年齢によってはできないお子さんもいるので注意してください。その場合はお母さんと手をつないでジャンプするとよいでしょう。

また、**人によっては、どうしても足が外向きに開いたり、内向きになったりします。**そういう場合は、まずは両足そろえてのジャンプだけでもいいでしょう。それだけでも、随意運動になります。

また、「い〜ち、に〜の、さんっ！」とリズムよくジャンプすることが大切なのですが、

その際、腕を振ったり、膝を曲げたりしてリズムをとります。これも随意運動ですね。**うまくできるようになったら、少しずつ難度を上げていきます。**

足先をそろえての両足ジャンプをするのもいいでしょう。先ほどと同じように、間に障害物を置いて、ジャンプで飛び越えるようにすると、かなり難しくなりますね。その障害物の高さを徐々に高くしていけばいいと思います。

ただし、発達段階、年齢が低いお子さんは難しすぎるので無理はさせないでください。

このように、ひとつをクリアすれば、どんどんアレンジしていきます。**新しいことをすると、より脳の神経ネットワークに刺激を与えられるので、神経回路がつながろうとする**わけです。慣れてくると刺激としては小さくなるので、効果が小さくなってしまうのですね。

アレンジするときは、必ず左右のバランスを考えてください。たとえば、片足だけでジャンプするといったことは、発達のでこぼこを整えるという観点からはおすすめできません。まずは左右対称の運動を心がけてほしいと思います。

運動

両足ジャンプ

両足でジャンプして、両足をそろえる

1. ジャンプしやすいように、両足を少し開く

2. 「い～ち、に～の」で腕と膝でゆっくりリズムをつけて、「さんっ！」で前方にジャンプする

3. 着地したときに、両足の指先がそろうようにする

【応用】距離を変化させたり高いところにジャンプしたり

1本歩き

③1本線の上を歩く

私たちは、**1本線の上を歩く運動も行っています。** LOF教育センターでは平均台（長さ5メートル）の上を歩くのですが、家庭では、たとえば床にテープを貼って1本線をつくってもいいでしょう。養生テープだと、はがしやすいので便利です。

その1本線の上を、右足のかかとを左足のつま先にくっつけるようにして歩いていきます。その際、人差し指が線の中央に乗るようにしてください。また、**足の裏全部がしっかり床につくようにして、ふらふらしないように注意しましょう。**

足を置く位置をしっかりと見なければいけないので、かなり集中力が必要です。しっかり意識しないとできないプログラムです。普段、子どもは足元を見て歩かないので、これだけでも随意運動になります。

また、1本線の上を歩くためにはバランス感覚が大事になってきます。バランスを崩すと、1本線から外れてしまいますよね。

その際、**手でバランスをとるのではなく、体幹を意識させてほしいと思います。おなかにギュッと力を入れることで、バランスがとりやすくなります。** 体幹を鍛え

運動

1本歩き

1本線の上を歩く

1. 床にテープを貼るなどして、
1本線をつくる

2. 片方のつま先にもう片方のかかとを
くっつけるようにして歩く

3. 線からはみ出さないようにする

【応用】頭にぬいぐるみをのせて、落とさないように歩くるためには、腹筋運動をするのもいいでしょう。とはいえ、あまりにもふらふらするときは、手を持ってあげましょう。

また、ぬいぐるみを頭の上にのせて、落ちないように歩くアレンジもいいと思います。ぬいぐるみを落とさないように注意することで、難度が上がり、自然と姿勢もよくなるので、体幹を鍛えることにつながります。さらに、ぬいぐるみを落とさないようにするためには、顔は前を向けたまま目だけを下の線に向けることになります。これは、後で述べるビジョントレーニングにもなります。

少し話は大きくなりますが、日々の生活の中で、意識して歩く、という運動は非常に重要です。ですから、**ハイキングや山登りは、究極の随意運動**です。

なぜなら、足を置くところを考えないとズルっとすべってしまいますし、**石があるところに足を置いたら、グキッと足首をひねるので、足を置く場所をしっかり見てから、足を置いているからです。**山を下るときも、すべらないように重心を考えながら歩きますよね。

日常的に公園で遊ばせることも有効です。今は減ってしまったかもしれませんが、ジャングルジムを登ったりするのも随意運動のひとつだからです。

ボール転がし

④ボールを両手でまっすぐに転がす

③「1本歩き」と同じように、床にテープを貼って1本線をつくります。

LOF教育センターでは平均台を使っているので5メートルほどありますが、家庭では直線が取れる長さで大丈夫です。

親子で両端に足を前にして座り、**たとえばソフトボールのようなボールをまっすぐに転がします。**転がすときは、両手で転がすようにしてください。先ほど述べたように、左右のバランスが大切だからです。

ちなみにボールを使うときは、ボール遊びができるくらいの発達段階であることを確認しましょう。

転がし方にもポイントがあります。ボールの上側を左右のてのひら全体で支え、「い〜ち、に〜の、さんっ！」とゆっくりリズムをつけて転がすようにします。指先は使わないようにして、てのひらと腕や身体全体を使って、押し出すように転がします。

幼児だと小さなソフトボールは難しいかもしれません。その場合は、サッカーボールやバスケットボールなど、大きめのボールを使うといいでしょう。

ボール転がし

ボールを両手でまっすぐに転がす

1. 床にテープを貼るなどして、
1本線をつくる

2. ソフトボールを上から
両方のてのひらで支える

3. 「1、2の」でリズムをつけて、
「3」でボールを押し出すように転がす

4. ボールを線の上から
はみ出さないようにする

⑤足でソフトボールを移動させる

足ボール

少し高度になりますが、足の甲にソフトボールをのせて移動させる随意運動もあります。私たちのところでは、箱型の遊具を利用していますが、家庭であればダンボールを利用するのがいいと思います。

余裕を持って両足が入るくらいのダンボールを2つ用意します。2つのダンボールは、ずれないようにガムテープでとめてしまってもいいでしょう。

片方のダンボールの中に入り、そこにソフトボールを入れます。片方の足の甲にソフトボールを乗せて、もうひとつのダンボールに移動させます（もしダンボールがひとつしかない場合は、中から外に出すだけでもいいでしょう）。

ひとりで片足で立つことができる発達段階の子どもか確認してください。ふらふらする場合は、手を持ってあげましょう。

これだけだと片側だけの運動ですので、必ず反対の足でも同じことをしてください。右足でした後は、左足でも同じようにするわけです。何度も言いますが、左右のバランスが非常に重要だからです。

足の甲にボールを乗せるだけでも、かなり難しいと思います。こういった、普段はあまりしない動きを意識的にさせると、脳の神経ネットワークはつながりやすくなります。それは子どもの発達にとって、いい影響を与えてくれるはずです。

運動

足ボール

足でソフトボールを移動させる

1. ダンボール2つ用意して、くっつける

2. ひとつのダンボールの中にソフトボールを入れて、自分も入る

3. ソフトボールを足の甲にのせて、もう片方のダンボールに移動させる

4. 同じ運動を逆の足でも行う

【応用】ダンボールとダンボールの間の壁を少しずつ高くする

ビジョントレーニングで発達を促す

私たちの療育プログラムでは、ビジョントレーニングを取り入れています。

ビジョントレーニングとは、眼球運動をすることで、視力ではなく「視覚機能」を向上させるトレーニングです。

視覚機能とは、眼球で捉えた映像を視神経を通して脳に送り込み、脳がその情報を処理して、身体に指令を出すという一連の流れのこと。簡単に言うと、「眼で映像を捉える」→「見たものを認識する」→「見たものに合わせて身体を動かす」という3つのプロセスのことを言います。

つまり、ビジョントレーニングをすることで、前頭葉のトレーニングとなり、脳に刺激を与えることができるので、脳の発達に大きな影響を与えることができるわけです。

ビジョントレーニングをすることで、文字を読めるようになったり、漢字が書きやすくなったり、図形を正しく認識できるようになったり、手先が器用になったりなどの効果があります（『学ぶことが大好きになるビジョントレーニング』図書文化社）。

また、集中力や注意力がついたり、記憶力が増したり、イメージ力が向上したりもすると言われています。

視覚機能が高まるだけで、実にいろいろな発達を促進することができるわけですね。

顔を動かさずに、目だけを動かす練習

簡単にできるビジョントレーニングに眼球運動トレーニングがあります。

お母さんが子どもの目の前に人差し指を出して、ゆっくりと上下左右に動かします。子どもは、お母さんの人差し指を目で追うのですが、顔を動かさないようにさせます。つまり、目の玉だけを動かして、指を追うわけです。

小さな子どもは、目の玉だけを動かすのは難しいので、どうしても顔が動いてしまいます。顔を動かすと、常に正面だけを見ていることになるので、目の玉は動いていないわけですね。ですから、絶対に顔を動かさないようにしてください。

動くものを目の玉だけで追うトレーニングですが、これだけでも小さな子どもは難しいかもしれません。

普段の生活では、なかなか意識して目の玉を動かす機会は少ないもの。こういったトレーニングを取り入れることで、脳に刺激を与えるようにしてほしいと思います。

全体を見る力――図形の認知を学習しながら、脳を鍛える

私たちは、このビジョントレーニングを取り入れながら、**学習支援**（やまもと式知的能力開発プログラム）も行っています。

たとえば、**幼児用のプログラムでは、三角や四角、山、波などの図形を鉛筆でなぞります。**次に、同じ図形を自分で描いてみます（134ページ参照）。

これは運筆の練習でもありますが、形を認知するというビジョントレーニングでもあります。図形をなぞるとき、目も一緒に動くからですね。

小学校低学年くらいの子には、見本と同じ図形になるように、点を結んで図形をつくる学習をしてもらいます。最初は簡単な図形ですが、徐々に難しくしていきます（135ページ参照）。

さらに、**小学校高学年になると、もっと複雑で立体的な図形に挑戦**していきます（136ページ参照）。

見ることに対して発達が未熟な子どもは、全体として図形を捉えることが難しいので、そういった場合は、どこを見るようにしたらいいかを指示します。

たとえば、「まずは、この線だけを見て、描き写してみよう」とか「この点は、どこの点かわかる?」というふうに、見るポイントを指示するようにするわけですね。

全体を見ることが難しくても、一部は見ることができるので、適切な指示をしてあげれば、複雑な図形であっても認識できて、描き写すことができると思います。

こういった練習をしていると、徐々に全体をひとつの図形として捉えられるようになってきます。

これは、**文字の読み書きにつながるトレーニング**でもあります。

たとえば、漢字というのは、何本もの線が交わった図形、いろいろな形が組み合わさった図形とも言うことができますよね。線がどのように交わっているのか、何本の線があるのかといったことに混乱することなく、しっかりと見ることができなければ、漢字を書き写すことも読むことも難しいのではないでしょうか。

学習

線の上をなぞる（幼児用）

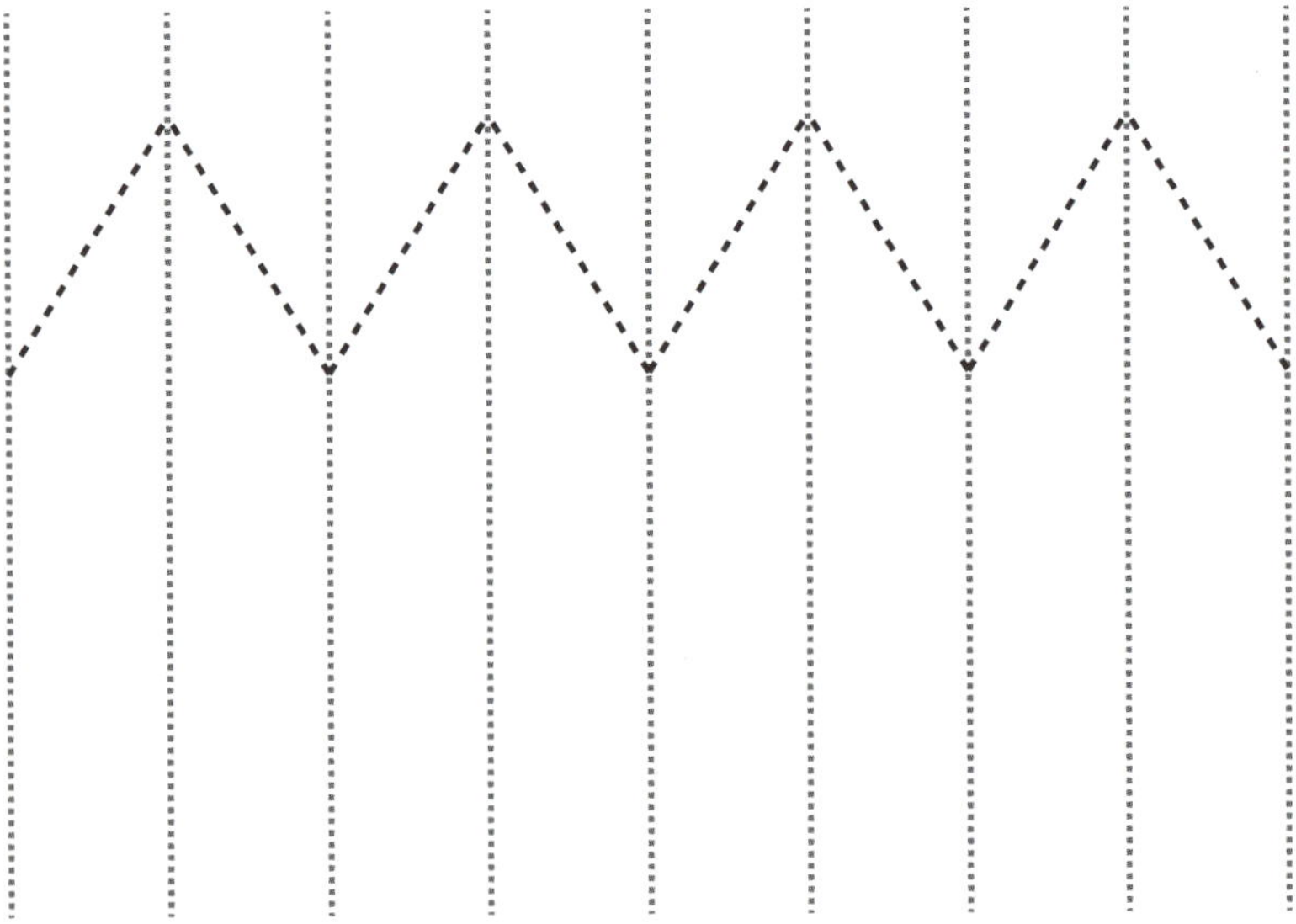

学習

点を結んで図形をつくる（小学校低学年用）

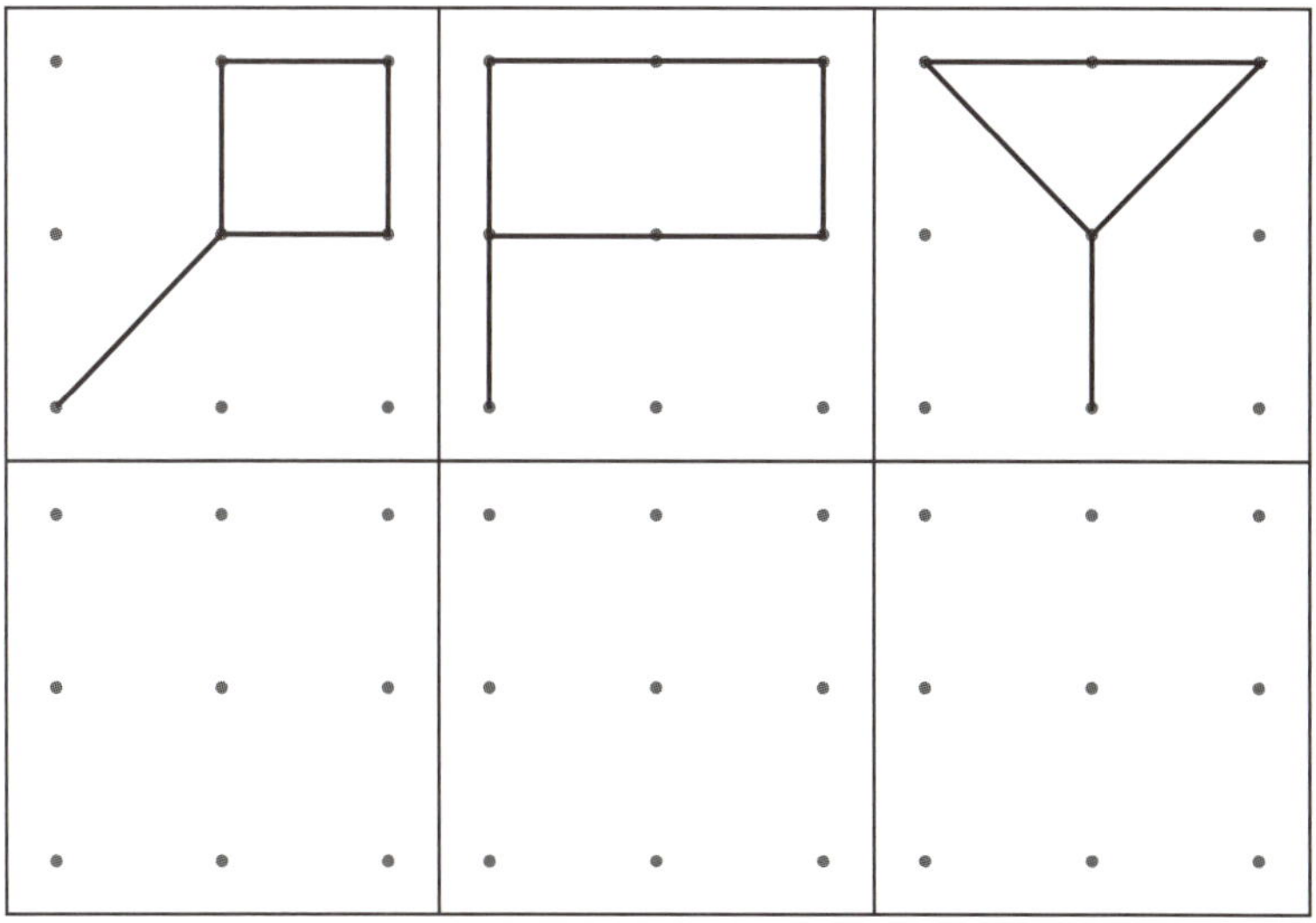

学習

点を結んで図形をつくる（小学校高学年用）

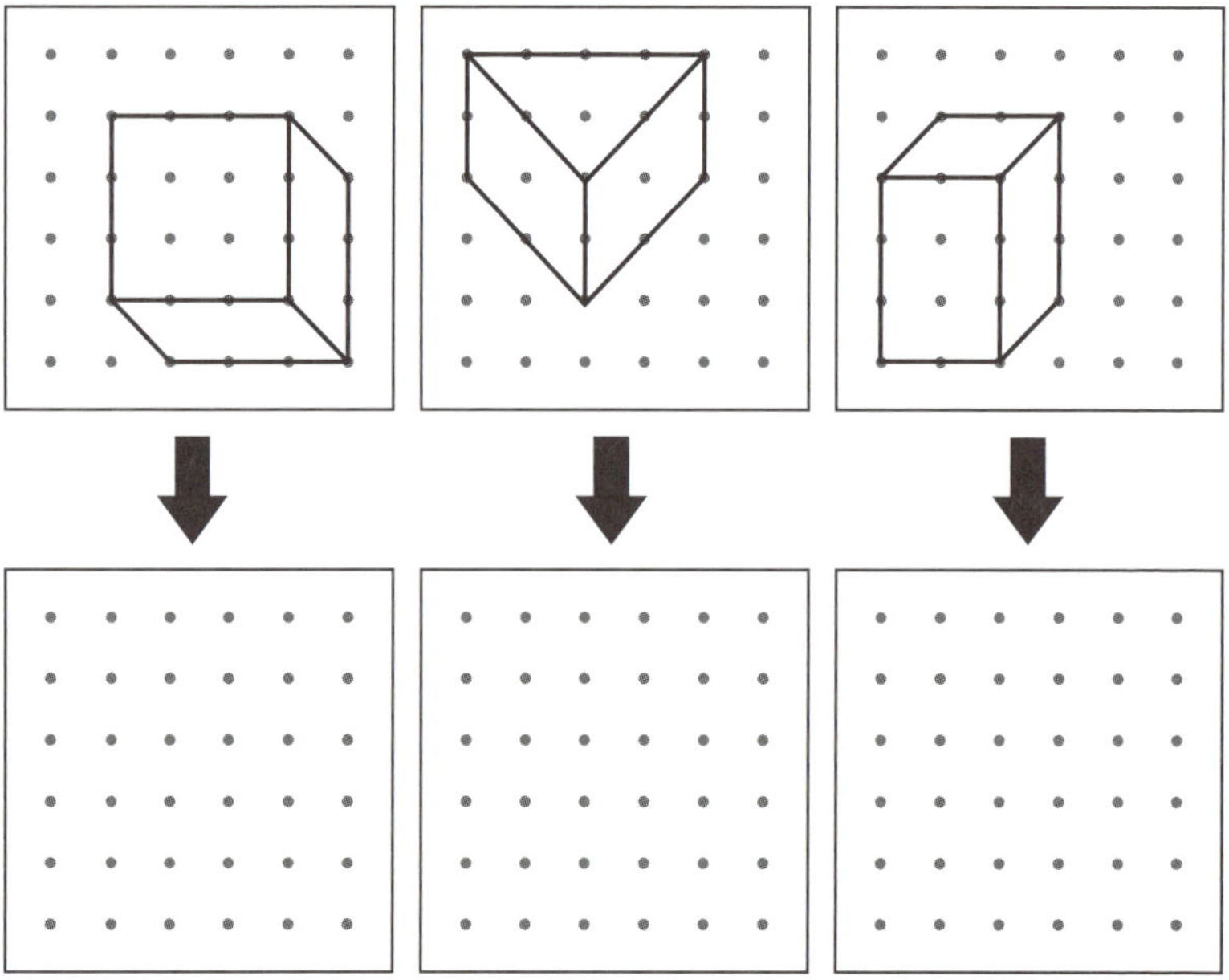

イメージ力――絵を見て物語をつくることで、情緒を育む

私たちは、**絵を見て短文をつくる**という療育プログラムも行っています。

たとえば、138ページのようなものを見せて、

「**お父さんは、なにをしていますか？**」

と尋ねます。子どもたちからは、いろいろな答えが返ってくるので、非常におもしろいのです。

138ページの左上であれば、**単に「寝ている」と答える子もいれば、「休日に昼寝をしている」と言う子もいます。まったく違う視点から「足が布団から出ているから、風邪を引いてしまうなぁ」など、お父さんを気遣うような発言をする子もいたりする**のです。

学習

お父さんは、なにをしていますか？

また、**相手を思いやる気持ちを育むような練習**もします。

たとえば、下のような「おうちに帰ってきたら、お姉ちゃんが泣いていた」というシチュエーションを見せながら、なぜ泣いているのかを一緒に考えてみたりするわけです。

「**なんで泣いているんだろう？**」

「**なんて声をかけてあげたらいいかな？**」

「**お姉ちゃんはどうしたいんだろう？**」

と聞いてみたりします。

これは、子どもの情緒の部分を発達させるのが目的ではありますが、コミュニケーションの練習でもあります。自分が思ったことを言語として表現できるようにトレー

学習

どうしたのかな？

ニングするわけです。

親が気をつけないといけないのは、子どもの意見を否定しないこと。

絶対的な正解はないのですから、「そうだね」と言って、まずは子どもの意見を受容してあげるようにしてください。

正しい表現、見本を教えてあげて、子どもと一緒に、お母さんもコミュニケーション能力を高めてほしいと思います。

小学生くらいになると、社会のルールも教えないといけないので、たとえば142ページのような絵を見せて、ダメなことをしている人を指摘させるようにします。また、なぜそれがダメなのかも話し合うようにしています。

「**黄色の線の向こうにいる子は危ないからダメ**」

「**ホームでふざけ合っている男の子も危ない**」

「**友だちを押したらダメだよね**」

といったことを引き出すわけですね。

また、「大人も悪いんじゃない？」という子がいたので、私は「どうして？」と尋

ねました。すると、その子は、

「だって、注意しないとダメじゃない？」

と返ってきました。すばらしい。そういうやりとりを親子で行ってほしいと思います。

こういった教材は書店にもたくさんあります。教材を利用してもいいですし、身近な絵を利用してもいいと思います。何気ない広告や絵本の絵からでも、どんどん話はふくらんでいくのではないでしょうか。

学習

でんしゃのホームです。
いけないことをしているひとに×をつけてください。

基礎的な知的能力を上げるために親ができること

このような学習を取り入れているのには理由があります。

学校で習うような漢字の練習や計算の方法よりも、基礎的な知的能力を上げないと、どこかの段階で頭打ちになってしまうからです。

図形を認識したり、自分でいろいろなことを考えたりすることで、知力の基礎体力を鍛えることを優先しているわけです。

子どもの教育は、50メートル走といった短距離走ではなく、どちらかといえば、マラソンのような長距離走だと思います。早くスタートを切れば、確かに先に前には進みますが、もし体力がなければ途中で止まってしまいますよね。

ですから、私たちは年齢の低いうちに、準備段階の基礎体力をつけるための時間をしっかりとっています。早くにスタートした子どもたちに追いつくのは時間がかかるかもしれませんが、そのうち差異が少なくなり、社会に出るころには目立たなくなります。

もっと高等な教育になったときに、基礎的な知的能力が鍛えられていれば、必然的に次の段階の思考力につながっていきます。これからは日本も、単純な記憶力だけを問う試験ではなく、表現や思考などを重視した記述式の試験が増えてくると思います。

そのためには先に紹介したような空間認識能力、想像力、思考力などの訓練が重要になってきます。本書ではその一部しか紹介できませんでしたが、たとえば一般的に売られている小学校入試用の問題集などを利用にしてもいいでしょう。

記憶だけに頼った学習ではなく、思考力が養うための学習を心がけてほしいと思います。**それは、最終的には社会で働くようになったときにも役立つと信じています。**

社会に出ると、問題は用意されていませんし、明確な答えもありません。自分で考えて、自分で行動しなければいけませんよね。もし行動したことが間違っていたら、どこが問題だったのかを振り返って、もう一度別の方法でトライするわけです。

そういう意味でも、小さいうちから基礎的な知的能力を向上させる学習を中心に行っていくほうがいいと思います。

そう考えると、「発達障害の有無は関係がない」と言えますね。

第4章
子どもをぐーーんと伸ばす「生活習慣」

発達を阻害するものを「やめる」

発達を促すことも大切ですが、発達を阻害するものを身のまわりから排除することも大事です。それが結果的に、発達を促進することにつながるからです。

本章では、**発達を阻害するものを排除することを中心に、家庭での生活習慣について述べていきたい**と思います。

まずは、テレビとスマートフォンについてです。

だらだらとテレビをつけない日常

テレビは、視覚の刺激が強すぎるので、極力見せないようにしてほしいと思います。どうしてもテレビを見たいときは、「1日30分だけ」など、時間を制限するようにして見る番組を決めてください。いつまでもだらだらと見ることほど、子どもの成長に悪いことはありません。

子どもの五感の発達で一番遅いものは視覚と言われています。子どもの視力は2歳くらいまでは、だいたい0・6くらいしかありません。おぼろげにしか見えていないので、単に発している光を目で追っているだけなのです。

テレビをずっと見ていると、大人でもボーッとしてしまいますよね。子どもはもっと顕著で、**脳の神経ネットワークを遮断する**ことになってしまいます。

東北大学の川島隆太教授らの研究によると、テレビを見る時間が長い子どもほど、脳の「前頭極皮質《ぜんとうきょくひしつ》」と呼ばれる部分で灰白質《かいはくしつ》の量が多くなり、言語能力の低下につながるとされています。

子どもに過度な視覚刺激を与えることは、それほど危険なことなのです。

まるでギャングみたいだったと前に紹介した3歳の子のお母さんは、私のところに来るようになってから、テレビを一切つけないようにしてくれました。

すると、すぐにいろいろな変化が生まれました。

まずは、**夜すぐに寝てくれるようになった**こと。そして、**テレビなしの生活にしたことで、おもちゃや絵本に興味を持つようになった**そうです。

子どもはテレビがなかったら、他のことに興味を持って勝手に遊びはじめます。もっと脳を使うような遊びをするようになったことで、夜疲れてすぐに寝られるようになったのでしょう。

また、お母さんがごはんをつくっているとき、その子がおなかをすかせて近寄ってきたのですが、それまでまったく興味がなかった食材の名前を覚えるようになったそうです。

食事の用意をしているとき、子どもの面倒を見ることが難しいので、ついついテレビを見せてしまうお母さんも多いかと思います。でも、第2章でも述べましたが、ある程度の年齢になれば、一緒に料理をつくるようにしてほしいと思います。

この男の子のように、**まだ幼い年齢であっても、どういうふうに料理がつくられているのかを見せるだけで、自分が食べるものに興味を持つようになる**のではないでしょうか。それは、次のお手伝いにつながってくると思います。

「テレビなし」で食生活にも変化が！

その他にも、**テレビを見ないようにしたことで、ごはんを食べるのにものすごく時間がかかっていた子が、スムーズに食べられるようになった**という効果も実際に報告されています。

もちろんテレビを見ないようにしたことだけが、そういった発達を促したのではないかもしれません。本書で述べているような療育を家庭でされていることで、総合的に発達したのだと思いますが、それでもテレビを見せないようにする効果は非常に大きいと実感しています。

テレビを一切つけないのは、なかなか大変なことだと思います。家に帰ったら、無意識にテレビのスイッチを入れる人もいるかもしれません。テレビのない生活など、想像できない人も多いのではないでしょうか。

でも、それは習慣です。とりあえず1日でもいいので、テレビのない日をつくってみてください。**「テレビがないとダメ」と思い込んでいるだけで、意外にテレビなしでも平気だったりします。**

そういう日が1日、2日、3日……と続いていくと、今度はテレビのない生活が普通になってきます。それも習慣ですね。

スマホやタブレットは使いすぎない

子どもにスマートフォンやタブレットを見せている親をよく見かけますが、これは可能な限りやめてほしいと思います。その理由は、本当にたくさんあります。

まず、スマートフォンやタブレットに集中していると、家族との会話やコミュニケーションが少なくなってしまいますよね。特に**言葉を覚えはじめた時期は、親との会話が楽しいと感じる時期**です。親子で会話する時間を大事にしましょう。

そうでないと、言葉の習得が遅くなってしまうと言われています。

また、生身の人間と接する機会が減ってしまうと、実際に人と向き合ったとき、コミュニケーションの取り方がわからなくなってしまう可能性が高くなります。

親子での会話を大切にしてほしいわけですが、それは**単に言葉の習得のためだけでなく、相手の顔を見ることで感情表現も学ぶことができる**からです。自分が感じたことをどのように表現したらいいのか、相手はどういった気持ちなのかといったことを学ぶ機会をみすみす失っていることになるわけですね。

先ほどのテレビもそうですが、スマートフォンやタブレットからは、可視光線の中でもエネルギーがもっとも大きいブルーライトが発せられています。**子どもの目はま**

だまだ発達途中で未熟であるため、このブルーライトの影響で角膜や網膜が傷つけられてしまう。つまり、視力が低下してしまうのです。

実は、スマートフォンやタブレットなどの明るい光は、睡眠にも大きな影響があることが科学的にわかっています。

ブルーライトを長時間浴びると、眠るときに必要なメラトニンというホルモンの生成が抑制されると言われています。要するに、**覚醒状態になりやすくなるため、眠りが浅くなったり、不眠になったりする睡眠障害の可能性が高くなるのです**（参考：ブルーライト研究会）。

睡眠障害になると、日中の集中力が低下しやすくなりますし、常に身体がだるい状態でいることになるので、イライラしやすくなったりなど、精神面にも悪い影響が出るのです。

スマートフォンやタブレットから出ている強い電磁波も、子どもにはよくありません。WHO（世界保健機関）の傘下であるIARC（国際がん研究機関）は、「証拠は限定的だが、**電磁波によってがんや小児性白血病の危険性がある**」（2011年5月31日）と発表しています。

電磁波は大人の脳にも悪影響を及ぼすと言われているのですから、より未発達な子どもの脳にはさらに影響が強いはずです。

ですから、スマートフォンやタブレットを置く場所にも気をつけるようにしてください。たとえば、寝るときに子どもの頭の近くに置いておくようなことは避けたいですね。

もっとも怖いのは、依存性があることではないでしょうか。

スマートフォンやタブレットゲームは、一方的に映像が流れるテレビとは異なり、自分の指で画面を変えたり、動かしたりできるので、おもちゃと同じ感覚です。子どもにとってはおもしろいので、ものすごく依存性が高くなります。

大人の中でも、片時もスマートフォンを手放せない人も多いですよね。

電車に乗ると、多くの人がスマートフォンをいじっていますし、中には食事中であっても画面から目を離さない人もいます。友だちと話しているときでさえ、片手にスマートフォンを握りしめている人もいるかと思います。

それなりに自制心のある大人でもそれほど強い依存性があるのですから、子どもにとっての依存性の高さは言うまでもありません。そのような危険なものは、できる限り子どもから遠ざけたほうが安心です。

ここまでスマートフォンやタブレットの害について少し強調して述べてきましたが、つまりは子どもにこれらの端末を与えてはいけないことを知ってほしかったからです。それと同時に、**親も使い方に気をつけてほしい**と思います。

子どもの目の前で、スマートフォンをいじっていると、子どもが興味を持つのは当たり前ですよね。今の時代、スマートフォンを手放すことは難しいかと思いますが、せめて使う時間や場所には気をつけてほしいと切に願っています。

安全なものを食べるようにする

発達を阻害するものを排除するという点において、もっとも大事なことは食事です。

簡単に言えば、**身体にいいものを食べ、身体に悪いものを食べない**、ということ。要するに、安全なものを食べさせることに重きを置いて、食事のことを考えてほしいと思います。

一般的な「食育」では、栄養のバランスや食品のバランスを基準にすることが多いのですが、いくら食品のバランスを考えても、その食品に添加物や農薬が多く含まれていたら、結局、身体に悪い影響を与えることになってしまいます。

特に発達障害の子どもは、健常児よりも過敏に影響を受けてしまう傾向があります。たとえば、アレルギーが出やすかったり、ぜんそくを引き起こしやすかったりします。ですから、日々の食事には人一倍気を遣ってほしいと思います。

言うまでもなく、私たちの身体は食事でつくられているのですから、**安全な食べ物を摂取することは、健全な身体と脳をつくることにつながっている**わけですね。

逆に、身体に悪いものばかりを食べていると、健康を害したり、子どもの脳機能に悪影響を与えたり、精神状態が不安定になる可能性が高まります。

今は、安全なものだけを食べることが難しい時代になってきました。多くの加工品には添加物や保存料などが含まれていますし、野菜などにも農薬や防腐剤が付着しています。

あまり神経質になりすぎると、何を食べればいいかわからなくなってしまいますが、可能な範囲でもかまいませんので、なるべく食べるものに気をつけるようにしてください。

「コンビニの弁当はやめておこう」など、**少し意識するだけでも、過剰な添加物などを避けることはできます。**

安全な食事が発達のでこぼこを整えると信じて、これから述べることに注意してほしいと思います。

①お菓子やジュースを与えない

子どもは甘いものが大好きですよね。ごはんはなかなか食べないのに、おやつだったら喜んで食べるという子も多いと思います。

でも、甘いものは控えるようにしてください。**スナック菓子などのおやつ類、炭酸飲料や清涼飲料水などのジュース類は、身体に悪いものが多く含まれていますので、脳にとっても悪い影響を与える結果になってしまいます。**

最近は肥満の子どもが多くなってきましたが、おそらく嗜好品の摂取量が多すぎるからだと思います。食事の量が多いというよりも、おやつやジュースを摂取しているからではないでしょうか。

そもそも、子どもは肥満にはなりにくいもの。いつも走り回っているので、1日の消費カロリーは大人よりも多いくらいです。それなのに太ってしまうのは、明らかにカロリーの摂りすぎですよね。

日本には、「3時のおやつ」という習慣があります。これは、戦後の食べ物が乏しい時期に「補食」という意味では、確かに必要なものだったのかもしれません。

でも今は、**朝・昼・晩の3度の食事で十分な栄養を摂取することができます。**特におやつを食べさせなくても、栄養が足りないことはありません。

そうはいっても、食べる量が極端に少ない、食の細い子もいると思います。その場合は、補食という形で身体にいいものを与えるようにすればいいでしょう。たとえば、**果物やナッツ類、ドライフルーツといったものならいいと思います。**

②良質なタンパク質をとる

子どもの成長のことを考えると、**良質なタンパク質を摂取する**必要があります。

まず注意してもらいたいのが「肉」。今は、肉に脂を人工的に足しているようなものが多くなっています。また、多くの外国産の肉は、長時間の輸送を可能にするために、保存剤や抗生物質が法令ギリギリの量で使われています。

　ですから、国産の肉のほうが安心ですし、できたら放牧されている肉が理想的です。たとえば、**「grass-fed beef（グラスフェッド・ビーフ）」**と言って、主に牧草だけを食べて肥育した牛肉があるのですが、これはネットで購入することもできます。

　値段は高くなりますので、金銭的な負担は大きくなってしまうかもしれません。家計とのバランスは各家庭で考えてもらいたいですが、少なくとも極端に安い肉は避けてほしいと思います。

　食費に関してだけ言えば、安全でよいものは高くつきます。でも、たとえば先ほどのおやつやジュースをやめることで、その分のお金をまわすこともできますよね。

　また私は、他の部分とトータルで見ることが大事ではないか、とも考えています。つまり、**安心で安全な食べ物を食べることで、医療費が抑えられると考える**ことができるのです。

　たとえば、アメリカでは保険制度が整っていないこともあり、病気にならないようにすごくお金をかけています。逆に日本では、食にそれほどこだわらず、病気になってから医療費を払うというのが一般的かもしれません。

安くて身体に悪いものばかりを食べて、結局、体調を崩しがちになってしまったら、逆に支出が増える結果になってしまいます。先にも述べましたが、発達障害の子はいろいろなことに過敏に反応する傾向が強いので、身体の変調が出やすいのです。

子どもの健康のことを考えても、お金のことを考えても、結局は安心で安全なものを食べたほうがいいと私は思います。

また、安売りのチラシを片手に、あちこちのスーパーをはしごするような時間があるならば、子どもとかかわる時間をつくるほうが大事ではないでしょうか。

安心して買えるお店が決まっていれば（ネットで購入して配達してもらえれば）、時間的な余裕が生じますし、焦らなくてもいいので、お母さんの心に余裕も生まれるでしょう。それだけで、せわしない毎日から、ちょっとゆるやかな毎日に変わるのではないでしょうか。

大きな視点で、そして子どもの健全を考慮して、どこにお金をかけて、どこにお金をかけないのかを一度じっくりと考えてほしいと思います。

ちなみに、植物性のタンパク質である豆はおすすめです。ただ、遺伝子組み換えの大豆だけは避けるようにしてください。

最近では、遺伝子組み換えをしていない旨がパッケージに明記されているものが多いですよね。値段もそれほど高くないので、家計の負担にはならないと思います。

③旬の野菜を食べる

やはり旬のものは栄養価も高いので、身体にいいでしょう。その時期に採れる露地物の野菜が理想ですね。

今は一年中安定して野菜を買える時代です。それはビニールハウスや品種改良のお陰ではありますが、一番身体にいいのは、普通の畑で育てられた、その季節に採れる野菜です。

日本は四季に恵まれた国ですから、**旬の野菜のおいしさを享受したいですし、そういった旬の野菜を子どもに伝えてあげることで、親子のコミュニケーションもはかれる**のではないでしょうか。

忙しいお母さんの中には、スーパーやコンビニなどで思わずカット野菜を買ってしまう人もいるかもしれません。確かに手軽で便利ですが、野菜はカットしてしまうと傷みやすいため、大量の防腐剤や酸化防止剤が添加されていることも知っておきたいものです。

農薬や肥料のことを考えると、当然ながら有機野菜や無農薬野菜のほうがいいでしょう。ただ、そこまで神経質になってしまうと、購入するのが難しくなってしまいますし、家計も圧迫してしまいます。

肉と同じように、その辺りはバランスを考えてもらったらいいと思います。あまり神経質になりすぎると、逆にストレスになってしまうかもしれないですからね。

④白いものを避ける

よく言われることですが、**白米、白いパン、白砂糖、牛乳などの「白い食べ物」は、なるべく避けるようにしたほうがいいと思います。**ただ、豆腐は身体にいいので、もちろん白い食べ物すべてがダメというわけではありません。

白米の代わりに雑穀米や玄米を食べるほうがいいわけですが、どうしても苦手な人もいるでしょう。

そういう場合は、白米に雑穀米や玄米を混ぜて食べてみてください。雑穀米や玄米を食べる習慣がない人は、最初は抵抗感があるかもしれませんが、慣れてくると嫌ではなくなりますし、逆においしく感じるようになってきます。

同じように、パンは胚芽パンにして、牛乳は豆乳やアーモンドミルクにするほうがいいと言われています。牛乳だけでなく、ヨーグルトやチーズといった乳製品も気をつけたほうがいいと思います。

砂糖はなるべく摂取しないほうがいいのですが、どうしても必要なときは、白砂糖ではなく、黒砂糖やてんさい糖、きび砂糖などを使うようにしてください。

⑤よく噛むクセをつける

発達障害の子の中には、満腹感をなかなか感じずに食べ続ける傾向が見られます。

おなかは満腹状態なのに、それを脳が認識できないため、さらに食べ続ける。**身体的に満腹な状態と脳が満腹だと感じる状態との間に、時間差が生じている**わけですね。そのため、必要以上に食べてしまう子もいます。

そうならないためにも、よく噛むことが大事です。できれば、一口で20回噛むようにしてください。なかなか20回も噛めないかもしれませんが、そういう意識を持たせることが大事です。

沖縄の合宿でも、しっかり噛むことを意識づけするのですが、徐々におなかがいっぱいになる感覚が鍛えられていく様子がうかがえます。子どもたちの食べ方自体も変化していくわけですね。

また、噛むことは脳の発達にも大切なことですので、固い食べ物を噛む練習をしてもいいかもしれません。**小さいうちは野菜スティックを噛ませたり、少し大きくなったらスルメを噛ませたりするのもおすすめ**です。

また、逆になかなか食べられない子もいます。

食べることにあまり興味がないのでしょう。そんな子は、本当にちょっとしか食べることができなかったり、食べるのに時間がかかってしまったりします。本人に聞いてみたら、その子は「**おなかが空いたことがない**」と言っていました。

でも、栄養はとらなければなりません。本人に食べる重要性を意識づけしなければいけないのです。ある程度の年齢になれば、コミュニケーションをとれるので、頭で理解して納得してもらえるように説得をします。

そのうちに食事に興味を持ち、その子もそれなりに食べられるようになってきました。

よく噛むことも同じですが、**最初は意識して行い、そのうち習慣になるように誘導してあげてほしい**と思います。

意識づけすることは、食事中であっても落ち着いて座っていられないような多動傾向の子どもでも同じです。ごはんを食べることに重点を置いて、ゆっくり噛みなさいという声かけをすることで、子どもに意識させるわけです。

ただ、多動傾向の子どもは、そうはいっても、なかなか言うことを聞いてくれないものですよね。その子の発達の状態を見極めて、もう少し成長を待ってあげることも、ある程度必要かもしれません。

これは他のことでも言えますが、**食事であれば、その子にとってがんばったら食べられる量をお母さんが見極めて提供してあげましょう。そうでないと、ごはんを食べ**

ることが子どもにとって苦痛になってしまいます。

食事というのは、そもそも楽しむものなので、その時間が苦痛になったら、かわいそうですよね。あまりストレスにならないように、そして苦痛にならないように、おいしく楽しく食べるということを優先させてあげてほしいと思います。

⑥偏食にならないように、調理法や味つけを工夫する

好き嫌いが激しい子どもも多いでしょう。親にとっては、子どもの好き嫌いは悩みの種だと思います。

特に、発達障害の子どもの中には、本当に偏食がひどい子がたくさんいます。すぐには好き嫌いはなくならないと思いますが、できるだけ早いうちから味に慣れさせておくことも大事です。

どうしても食べない場合もあるでしょう。そうすると栄養が偏ってしまうので、食べさせるための工夫を考えなければいけません。

たとえば、**栄養面だけを考えると、他の食品で代用できないか**を考えてみてもいい

でしょう。また、**調理法や味つけなどで、子どもが食べやすいようにしてあげる工夫**も必要になってくるかと思います。

偏食も、脳の発達のバランスが整ってくると、不思議なことにこだわらなくなり、食べられるようになるもの。ですから、子どもの様子を見ながら気長に取り組んでほしいと思います。

おもしろいことに、偏食が少なくなってくると、他のこだわりも少なくなる傾向があります。やはり脳機能の発達の問題なので、いろいろなことが連動しているわけですね。

たとえば、偏食が強かった女の子は、髪の毛をくくるのを嫌がっていました。ごはんを食べるときは、髪の毛をくくったほうが食べやすいわけですが、その女の子は絶対に「髪の毛をくくるのはイヤ！」と言っていたのです。

ところが、偏食が少なくなってくると、徐々に髪の毛をくくることへのこだわりも弱くなってきたのです。食べ物に対するこだわりは、髪型に対するこだわりともリンクしているわけですね。

今では、必要なときは、髪の毛をくくることを受容できるようになりました。

日常生活で気をつけたいこと

ここまではテレビやスマートフォンの弊害、そして食事で気をつけるべきことについて述べてきました。その他にも日常生活で気をつけたいことがあります。

たとえば、排便や睡眠もそうですね。発達障害の子どもは、なかなか排便ができなかったり、なかなか夜眠れなかったりするわけですが、それを邪魔するものを排除することで、快便で快眠になる可能性が高まります。快便や快眠は、子どもの成長に大きく関係していることでもあります。

その他にも、**日常生活でほんの少し気をつけてあげるだけで、子どものストレスを**

軽減したり、身体のバランスを整えたり、子どもの心を育てたりすることができます。

忙しい毎日だとは思いますが、これから述べるような習慣が子どもの発達に大きく影響すると思って気を配ってあげてください。

解毒をしっかりと促す

食事と関連することでもありますが、身体に老廃物を溜め込まないように、しっかりと解毒（デトックス）を促す必要があります。

私の経験上、発達障害の子どもは、便秘がちだったり、下痢ぎみだったりする子が多いように感じます。中には、便秘と下痢を繰り返す子もいます。

食べるものやストレスといったものに過敏な子が多いためか、定期的な安定した排便ができない子が本当にたくさんいるのです。２週間も排便がないことも珍しくはありません。

それは、言ってしまえば、解毒という機能が正常に働いていないわけですね。最近では「毛髪ミネラル検査」で身体の状態を知ることができます。必須ミネラルの不足や溜まった有害金属を確認することが可能です。

排出する機能が整っていないのであれば、やはり身体に入れるものを考え直さないといけません。身体に有害なものを大量に入れてしまうと、排便しにくくなります。また、刺激物を入れすぎると、逆におなかを壊しやすくもなります。

つまり、解毒という意味においても、食事は重要になってくるということです。

手足をマッサージしたり、身体を温めてあげると、自然と解毒作用を高めるとも言われています。

また、老廃物を排出するためには、汗をかくことが大切ですよね。そのためにも日中に運動することは大事ですし、単純に汗をかくだけであれば、入浴も効果があると思います。

いろいろな方法を試しながら、解毒の習慣を身につけさせてほしいです。

きちんとした姿勢でイスに座る

肥満の傾向がある子どもは、必要以上のカロリーを摂取しているのが一番の原因ではありますが、それとは別に、身体を動かさず、必要な筋肉がついていないことも要因のひとつです。

腕や足といった大きな部分は動かしやすいので、自分の意図どおりに動かすことができます。そのため、腕や足のまわりは筋肉がつきやすいですよね。

では、おなかのまわりはどうでしょう？

おなかが出ている子どもは多いですよね。それは、**おなかに力を入れるなど、普段、体幹を意識することがないため、筋肉がつきにくい**からです。

体幹を鍛えるためには、腹筋をするのもいいですが、それ以外にも方法があります。

それは、**きちんとした姿勢でイスに座ること。**ちゃんと座ることだけでも、腹筋や背筋を鍛えることになるのです。

子どもはジッとイスに座っていることが苦手です。特に発達障害の子どもは、きちんと座れない子が多いのが特徴です。

第3章で紹介したような**「図形をなぞる」というワークをしていると、たとえば山形の線をなぞっているとき、その線の向きと一緒に身体が傾いたりします。また、紙も斜めになったりします。**

そういう場合は、**私はテープで紙を机に貼り付けて、絶対に身体を傾けないように**指導しています。

それくらい姿勢は大事です。

人の中心にある正中線《せいちゅうせん》がゆがんでいたら、絶対に身体がゆがんでしまうからです。するとい、自分の身体をしっかりと支えることができなくなり、身体のバランスが悪くなります。

身体のバランスだけでなく、神経のバランスも悪くなるので、刺激が神経の末端にまで行き届かなくなります。

つまり、子どもの発達を阻害することになってしまうのです。

姿勢のポイント

テープでプリントを机に貼り付ける

ですから、食事のとき、何か学習をさせるときには、きちんとした姿勢で座らせる習慣を子どもに身につけさせてほしいと思います。それは、小学校や中学校で授業をちゃんと聞けるようになる練習でもあります。

睡眠のための生活習慣

発達障害の子どもの中には、睡眠障害の子もいます。

夜なかなか眠れなかったり、眠りが浅かったりすると、どうしても朝起きにくくなってしまいますよね。日中も眠気があるせいか、ボーッとしてしまうことが多くなります。

寝る直前までハイテンションで走り回っていても、布団に入ったらパタンと寝てしまう子もいます。そういう子であれば、何も問題ありませんが、そうではない場合はどうしたらいいでしょうか。

それは、**人間のリズムに応じた睡眠を心がけること。**

その際の基本的な考え方は、**睡眠を阻害するものを排除すること**です。

布団に入っても、なかなか寝つけないのは、布団に入ってから脳と身体が寝る準備をはじめているからではないでしょうか。もしそうであれば、もっと早い時間から寝る準備をさせたほうがいいかもしれません。

たとえば、寝る2時間前からは、脳が覚醒するような刺激を与えないようにしてみてください。前にも述べましたが、テレビやスマートフォンは、当然ながら与えたらダメですよね。

静かに本を読んであげたり、静かな音楽をかけてあげたりするのがいいと思います。また、寝つきが悪くなるため、寝る直前にお風呂に入るのは控えたほうがいいでしょう。布団に入る30分前までには入浴をすますのが理想的です。

もしごはんを食べてからお風呂に入っているのであれば、順序を逆にしてみてください。先にお風呂に入れれば、食欲が増すという効果もありますし、おなかがいっぱいになったら、大人でも子どもでも眠たくなると思います。また、照明を暗くしてみてもいいかもしれませんね。

ただ、**どうすれば眠りやすくなるかは個人差があるので、いろいろと試してみて、その子に効果がある方法を模索してほしいと思います。**

発達障害の子どもの中には、エネルギーが溢れている子もいますので、どれだけ昼間走り回っても、夜も元気な子どももいますし、睡眠時間が短い子でも元気な子どももいます。反対に、睡眠時間を長く取らないと疲れが溜まってしまい、定期的に熱を出す子どももいます。

ですから、その子に応じた工夫をしてあげてほしいと思います。

布団に入ってから眠りにつくまでに1時間かかるのであれば、通常よりも1時間早く布団に入るようにするのもいいでしょう。**布団の中で絵本を読んであげたり、その日のことを親子で会話したりしてもいいと思います。**

特に子どもが幼い時期は、そういった時間が親子にとって非常に大切です。子どもの頭をなでてあげたり、胸をトントンとしてあげたりするだけでも、子どもは癒やされますし、安らぎます。それがスムーズな睡眠に導くのではないでしょうか。

前にも述べましたが、私たち大人も、子どもに触れることで精神的に安心しますよね。親子にとって、かけがえのない時間にしてほしいと思います。

動物を飼うことで「力加減」と「情緒」を学ぶ

前にも述べましたが、**力の加減が苦手な子ども**も多いと思います。力を抜くというのは、とても難しいので、ドアをバーンと思いっきり閉めたり、モノを乱雑に扱ったりします。

もちろん本人に悪気があるわけではなく、ちゃんと力を調節することができないのです。

いろいろな経験から、力加減とか力の抜き方を学んでいくわけですが、そのためには**動物と触れ合うのがいい**と思います。

動物は生き物ですから、そっと扱いますよね。まだよくわからない幼い子どもは、ギュッとつかんでしまいますが、徐々に力加減を調節できるようになってきます。

また、**動物を飼うことは、情緒を育むことにもつながっています。**優しい気持ちが育てば、自然と力加減も調節できるようになるでしょう。

住宅事情や環境によっては、犬や猫などのペットを飼うことができない家庭も多いかと思います。

そういった場合は、ぬいぐるみでもいい。ぬいぐるみは動物の形をしているものがほとんどですので、うまく誘導すれば優しく扱うようになります。

LOF教育センターにはいくつものぬいぐるみが置いてあるのですが、ある女の子がぬいぐるみを投げたことがありました。他の子にぬいぐるみを渡すときに、投げて渡したわけです。

私はそれに過敏に反応して、少し強い口調で「今、投げた?」と言いました。おそらく私の顔が引きつっていたのでしょう。その子はびっくりした顔をしていました。「悪いことをしちゃった」と感じたようです。何かを感じ、それが刺激となり、その後のプログラムはいつもよりもきちんとできていました。

特に女の子は、小さいときから赤ちゃんの人形を欲しがりますよね。まるで自分の子どものように、赤ちゃん人形を優しく扱って、ミルクをあげたり、おむつをかえたりする遊びをします。

そういった遊びも、情緒を育てることにつながっていると思います。**ぬいぐるみではありますが、赤ちゃんや動物などの生き物の形をしているのですから、単なるモノとして扱うのではなく、本当の生き物のように優しく扱うことを学んでいくわけです。**

発達障害の子どもは、情緒が育ちにくい子も多く、「自分だけよければいい」と、自分中心の毎日を過ごしている子もいます。まわりの人も「発達障害だからできないだろう」と、本人のしたいようにさせる傾向があります。

それでは、自分勝手なわがままな子にしか育たないですよね。「できないだろう」という先入観をなくして、いろいろな経験を子どもにさせてあげてほしいですし、人として獲得しておかないといけない最低限のことは教えなければいけないと思います。

なかなかできないかもしれませんが、大事なことは辛抱強く言い続けてほしいと思います。

なるべく自然素材のものを使う

子どもの身のまわりには、できる限り自然素材のものを置いてあげてほしいとも思います。

たとえば、木のテーブルと人工的な素材のテーブルであれば、木のテーブルのほうがいいでしょう。なぜなら、子どもの発達にとって、皮膚刺激は非常に重要だからです。人工的なものを触ると、子どもは疲労してしまいますし、逆に**温かみのある自然素材のものは、子どもを疲労させにくい**と言われています。

ですから、おもちゃはプラスチック素材のものではなく、なるべく布製か木製のものがいいでしょう。

幼いときのおむつも、紙おむつではなく、布おむつのほうがいいですね。布おむつのほうが、自分でおしっこをしたことに気づけるので、おむつが取れやすくなりますし、それは脳の刺激にもなります。

不快感を覚えて、すぐに反応する。それは、脳の神経ネットワークをつなげやすくもしてくれるのです。

また、文房具にも気をつけてあげてほしいと思います。

たとえば、**プラスチックのシャープペンシルよりも木製の鉛筆のほうがいい**と思います。子どもは鉛筆をすぐに噛んでしまいますので、塗料などの悪い物質を身体に入れないようにするためにも、シンプルな木の鉛筆がいいと思います。

「鉛筆は噛まないほうがいいのでは？」と思われた方もいるかもしれませんが、私は**鉛筆を噛むことは究極のストレス発散**だと思っています。ですから、鉛筆を噛む行為をやめさせようとはしませんし、逆に噛んでいいような素材のものを与えるようにアドバイスしています。

爪を噛むのも同じですよね。「爪を噛んだらダメ」と言うのは簡単ですが、では子どもはどんな方法でストレスを発散したらいいのでしょうか。

飲みに行ったり、カラオケに行ったり、買い物をしたりしてストレスを発散する大人とは違い、子どもはストレスを発散させる方法を持ちあわせていないもの。ならば、鉛筆や爪を噛むといった方法を本人が望むのであれば、好きにさせてあげてもいいのではないか、と私は考えています。

気持ちのコツ

長い目で見れば、それほど怒る必要はない

発達が未熟で、**子どもがパニックになって感情を爆発させることは、自分の感情と、がんばって闘っていることでもある**と思います。がんばっているのだから、それくらいのことは見守ってあげてもいいと、私は思っています。

精神的に発達してくると、自然と鉛筆や爪は噛まないようになるものです。

子どものストレスを軽減する文房具を使う

文房具についても、私の考え方があります。

それは、子どものストレスを軽減させてあげるような文房具を使ってほしいということ。

たとえば、子どもは力が弱いので、薄い鉛筆では字が書きにくいですよね。ですから、B以上の濃い鉛筆を使わせるようにしています。また、細い鉛筆よりも、太い鉛筆のほうが持ちやすいでしょう。私のおすすめは、三角の太い鉛筆です。

発達が遅れている子どもは、細かい動きができないことが多いので、そういったストレスを軽減させるものを選んであげてください。そのうちに、普通の鉛筆、HBの鉛筆が使えるようになるでしょう。

また、消しゴムも大事です。

消しにくい消しゴムだと、思いっきり力をいれて消さなければならないので、しまいにはプリントやノートが破れてしまうこともありますよね。うまく消せなくて、跡が残ってしまうと、先生はバツをつけるかもしれません。

それもストレスなので、やはり**持ちやすく消しやすい消しゴム**のほうがいいですね。

今は、便利な文房具がたくさんあります。

たとえば、余白のない分度器。

基準となる0度の線の下に余白があるのが一般的な分度器ですが、そうすると子どもは測ろうとする線をその線に合わせなければ、正確な角度を測ることはできません。でも、余白のない分度器であれば、分度器の端を測るべき線に合わせるだけなので簡単なのです。

同じように、端に余白のない定規もありますし、線を引くときにずれにくい定規もあります。

コンパスも、製図の難しさを解消した商品も登場しています。簡単に円を描くことができるように工夫されているわけですね。

ちょっとしたことで子どもがストレスを抱えてしまうのであれば、それを取り除い

てあげるような文房具を与えてほしいと思います。

ストレスを軽減させる文房具はいくらでもある

おわりに

発達障害の子を持ったからこその喜びを味わってほしい

本書では、私が〝ユニークな子〟と呼んでいる発達障害の子の捉え方や発達障害児の発達を促すための考え方と療育方法を述べてきました。

でも結局のところ、発達障害の子どもを持った親に何が必要かと言うと、それは**〝愛情〟しかない**と私は思っています。

「この子をどうにかよくしたい」

「困っていることを軽減させてあげたい」

「どうしたら、この子は伸びるんだろう？」

「この子のよさを引き出すためには、何をすればいいんだろう？」

こうした愛情があれば、いろいろな工夫をするのではないでしょうか。

そして、それができるのは、やはり一番身近な親でしかありません。ただ、〝親のエゴ〟にはならないようにしてください。

はじめにでも述べましたが、私はシングルマザーだったこともあり、本当にお金には苦労しました。今も苦労しています（笑）。

私は子どもにとって教育が一番大事だと信じているので、「教育環境だけはちゃんとしてあげたい」と思い、子どもの教育環境を整えました。将来、幸せに生きてほしいので、それには「教育」はかかせなかったのです。

でも、そのために、文字どおり寝る間も惜しんで働いたときもありました。前に述べましたが、3つの仕事を掛け持ちして、1日20時間も働いたこともあります。

それができたのも、子どもがいたからです。子どもをしっかり育てるのが自分の役目だと思ったからです。そうでなければ、あれほど大変なことはできなかったと思います。

もちろん、子どもたちにつらい思いもさせてきました。おこづかいをあげられなかったので、子どもはアルバイトをしていました。

アルバイト先では、毎日のように怒られていました。そこの大将はものすごく怖くて、お客さんの前であっても大声で怒鳴ります。それに耐えている子どもの姿を見ていて、「かわいそうだなぁ」とか「つらいだろうなぁ」と、私のほうが泣きたくなったこともあります。

最後にとうとう大将は「悪いけど、辞めてくれるか」と子どもに言ったのですが、そのときの子どもの言葉に目頭が熱くなりました。

「お母さん、負けへんかったで。辞めたいと言って辞めたんじゃない。大将が辞めてくれって言ったんだから、負けていないよね」

私の子どもはこう言ったのです。

そのときはかわいそうなことをさせたと思いましたが、今となっては、早い段階から社会の厳しさを経験できたのはよかったのかもしれないと思っています。

変に過保護に育てたなら、もっとやわな子に育っていたかもしれない。今も大変そうではありますが、つらい仕事に踏ん張って励んでいるのも、そのときの経験があったからだと思うのです。

子育てというのは、本当に大変です。特に発達障害の子どもを育てるとなったら、その子と正面から向き合わないといけませんし、私たち自身も自分の弱さに向き合わなければならないこともあります。

私はそんなとき、しっかりと人間らしく生きていくこと、そして子どもに教育を受けさせることで、幸せに生きることを優先させてきました。

「死んだほうがラクかもしれない」と思ったことも少なからずあります。

大変なことがたくさんありましたが、それと同じくらい喜びもたくさんありました。なかなかできなかったことができるようになったときの喜びはひとしおですし、たくましくなった子どもの姿を見ると、本当に感動的です。

そして今、子どもが自分の力で生きていけるようになったことが、本当に何よりも嬉しいのです。

私は、発達障害の子どもを授かった保護者のみなさんに、そういった喜びを伝えたいと思っています。そして、そのための支援をしていきたいとも思っています。

本書で述べた「家庭でできる療育」を実践していただき、子どもの成長を親子で喜び合っていただければ、これほど嬉しいことはありません。

子どもの成長は、本当にかけがえのない幸せを運んでくれるのです。

子どもの発達や成長には、障害の有無は関係なく、子育ての悩みや喜びは、どの保護者も同じなのだと思います。そして、私たちはみんないろいろな人の助けを得て、子どもを育てていくのだと思います。

決してひとりで子育てをするのではなく、いろいろな人に助けられて、楽しく子育てをしてほしいと思います。

私が子どもたちや家族、友人、知人、諸先生方やスタッフ、いろいろな方に助けられて、今存在しているように。

やまもとまゆみ

参考文献

『発達の気になる子の学習・運動が楽しくなるビジョントレーニング』北出勝也（ナツメ社）

『子供たちは何を食べればいいのか』松田麻美子（グスコー出版）

『自閉症児へのダイナミックアプローチ』小関康之（東京書籍）

『発達障害の子どもの明日を拓く　発達援助法の提言と実践』小関康之（海鳥社）

『特別支援教育の理論と実践』一般社団法人特別支援教育士資格認定協会（金剛出版）

「0歳からの教育」Newsweek（CCCメディアハウス）

発《はっ》達《たつ》障《しょう》害《がい》の子《こ》が
ぐーーんと伸《の》びる
心《こころ》と体《からだ》の育《そだ》て方《かた》

2016年10月30日　第1刷発行
2022年10月25日　第7刷発行

著者　やまもとまゆみ
発行者　佐藤 靖
発行所　大和書房
東京都文京区関口1-33-4
電話　03-3203-4511

ブックデザイン　千葉慈子（あんバターオフィス）
イラスト　福々ちえ
カバー印刷　歩プロセス
本文印刷　シナノ
製本　ナショナル製本

ISBN978-4-479-78364-0

http://www.daiwashobo.co.jp

やまもとまゆみ

大阪在住、二児の母。１９９３年から教育事業に関わり、後に学習障害児への支援をスタートするなかで、発達障害児、その家族両方の支援の必要性を強く感じ、その活動を本格的に始める。ずっと長く個人で行っていたが２００９年に社団法人日本発達障害ファミリー支援協会設立、２０１０年にＮＰＯ法人格を取得し、現在に至る。また、チャイルド・ライフ・サポーター®（発達障害児地域支援員）の育成にも力を入れる。長年の実績から、発達障害児への支援において、ＬＯＦメソッドを確立。発達障害児の育ちのなかで、何が大事かを訴え続けている。また、やまもと式支援プログラム（療育S&Eプログラム・知的能力開発プログラム）の全国展開を進めている。

ＮＰＯ法人発達障害児支援
ＬＯＦ教育センター代表理事

一般社団法人
日本発達障害ファミリー支援協会代表理事

ソーシャル・ラーニング・センター
若者支援代表

編集協力　森 秀治